有臉蛋沒腦袋

充實內在讓歹物仔退散

愛情、友情、家庭、事業，
給女孩們的 135 則故事，
掌握自己的命運不用別人來救急

何佩瑜，王簫——編著

Silly girl 請後退！
自以為是公主，長得漂亮又怎樣？
沒常識又愛耍任性，小心老了沒人理！

別再找藉口說自己沒時間，睡前看個小故事，改變心態、充實內在，
當個有智慧的女人比你想像的還要有價值！

目錄

目錄

第四章　鏗鏘玫瑰的事業運篇

目錄

第六章　幸福女人的自我修練

目錄

前言

要麵包還是要愛情？做「賤內」還是成「白骨精」？讓男人欲罷不能的女人味從何而來？該如何掌握自己的命運……

太多的困惑，糾纏了女人一生。而本書將透過寓言的方式，幫助女性朋友解開種種困惑，讓你變得更優雅、美麗、成熟、睿智、堅強，更容易掌握自己的幸福。

作為一種文學體裁，寓言以短小易懂、寓意深刻而深受人們喜愛。許多難以一下子說清楚的抽象道理，往往可以用一則寓言解釋得清晰透澈。不過寓言並不是直接灌輸道理，而是透過一個可讀性很強的故事，用比喻、影射、象徵的藝術手法來表現道理。因此，也有人說寓言是穿有外衣的真理。

讓我們來品味一則寓言——

一個自幼失明的盲人，成年後經過醫治幸運地得見光明。他非常高興，晚上來到城市的廣場上，問一個老人月亮長什麼模樣。老人抬了一下手指，他迷惑不解。於是又問另一個人，另一個人也抬了一下手指。他還是不明白，於是就繼續問。但是他問的所有的人，都只是抬了一下手指。

最後，他順著別人的手指望過去，才發現天上有一個大大的銀盤。他這才恍然大悟：原來別人抬一下手指，是讓他順著手指的方向望過去——那樣，就能看見月亮，知道月亮是什麼模樣。

你要看的不是手指，手指是用來指月亮的，而不是月亮本身。順著手指的方向，你就能看到月亮。看到這裡，相信聰明的讀者已經領會到了編者的意思：是的，編者所彙編的寓言，就是那根指向月亮的「手指」。

本書是編者從古今中外、浩如煙海的寓言海洋中，精心擷取的幾朵美麗的浪花。常言道：「濃縮的都是精華。」收錄的每個寓言，都孕育著發人深省的道理。它告訴女人們該如何看待親情、友情、愛情，如何面對生活、社交、職場裡的不如意。

曾在書上看過某位國畫大師說過一個極短的寓言故事：

螃蟹、貓頭鷹和蝙蝠相約去上惡習補習班。數年過後，他們都順利畢業並獲得博士學位。不過，螃蟹仍橫行，貓頭鷹仍白天睡覺晚上活動，蝙蝠仍倒懸休息。

這則寓言的寓意之一是：行動比知識重要。如果本書中有哪一篇文章打動了你，哪一段文字啟發了你，請你記得將這些知識貫徹到行動中去。著名學者吉米·洛恩說過：

「世界上有兩種人，他們在同一本書上讀到吃蘋果有益健康的知識，其中一個說『我學到了知識』，另一個二話不說直接走到水果店買了幾斤水果。」吉米．洛恩認為，後者才是真正的智者。

細品寓言故事，感悟人生哲理，學做智慧女人。這本女性通俗人生哲學將以生動的故事、通俗的語言為你娓娓道來你必須懂得的人生智慧。做個智慧女人，從閱讀本書開始。

編者

目錄

第一章　聰明女人的交友藝術

一個女人，平凡如你我的女人，出生時沒有投胎顯貴，長大後也沒有嫁入豪門。人生之路的風風雨雨，難道就只能靠她羸弱的肩膀來承擔了嗎？

不，她還有朋友可以依靠。

一個詩人是這麼歌頌朋友之情的——

假如在狂風中我誤失了輕舟，你會毫不猶豫地伸出營救的雙手，假如我迷惘於荒野，你會指路給我，並和我一起踏平前方的荊棘。

朋友！用不著追問你的姓名，我的記憶將永存你的音容，我的心血將日夜為你潮汐。

好心的朋友

有一個隱士，一個人住在山林裡。他覺得很孤獨，於是和一隻好心的熊交上了朋友。

他們可真是一對好朋友，隱士走到哪裡，熊就跟到哪裡，絕不離開半步。

一個大熱天的上午，隱士和熊在山林裡轉悠了整整半天，又熱又累。隱士沒有熊身體好，腳步越來越沉，根本走不動了。

熊看了很心疼，說：「朋友，躺在樹陰下睡一覺吧！我守在你身邊。」隱士非常高興，便躺了下來，並立刻睡著了。

這時一隻蒼蠅趁熊不注意，飛到隱士身上，落在隱士的胸口。熊猛吸一口氣，對準蒼蠅「呼」地吹去。蒼蠅連滾帶爬，被趕得老遠老遠。可是一眨眼，牠又飛回來了。這次，牠歇在隱士的鼻子上。

熊的眉頭皺緊了。牠輕輕走上前去，舉起巨掌，橫掃過去。蒼蠅逃走了，在空中繞了一圈，又停在隱士的腮邊。

熊的眼睛睜得大大的，有些發紅。牠撿起一根樹枝，用力一揮。蒼蠅又溜了，過沒多久，重新飛回來，叮在隱士的額頭上。

熊氣壞了，想：「我要把你砸個稀巴爛！」牠抱起一塊巨大的石頭，搖搖晃晃地走到隱士腦袋前，吃力地舉起石頭，對準蒼蠅，猛砸下去。

山谷裡立刻響起了隱士殺豬般的嚎叫……

古羅馬著名的雄辯家西塞羅曾說：「愚蠢的朋友比明智的敵人更糟糕。」這句話真是一針見血。一個人要是交上愚蠢的朋友，不僅會直接壞你的事，還會間接地降低你的眼光、品味、能力等內在的東西。朋友的影響力非常大，可以潛移默化地影響一個人的一生。身邊朋友的言行，如滴水穿石般、矢志不渝地影響著你的思路、眼光、做人的方式與做事的方法。

有道是三個女人一臺戲。多數女人都喜歡結伴同行，大家一起聊天一起購物，其樂融融。多結交朋友並和朋友打成一片，並沒有什麼不好；只是，你一定得留心那些和你走得很近的朋友是一些什麼樣的人。西班牙就有一句諺語：「和豺狼生活在一起，你也學會嚎叫。」而美國有句諺語則說：「和傻瓜生活，整天吃吃喝喝；和智者生活，時時勤於思考。」

漂亮的表妹

一天清晨，蝸牛豎著兩對觸角，背著硬殼，在曠野趾高氣揚地爬行著。這時，有一隻毛毛蟲從他身旁慢慢地經過，並熱情地打招呼說：「早安！哥哥！」

蝸牛聽了毛毛蟲的問候，沒好氣地大聲問：「喂，妳怎麼叫我哥哥呢？我們什麼時候變親戚啦！」

「喏，我們不都是一樣爬行的嗎？」毛毛蟲連忙解釋說。

「話是這麼說，但我們怎麼能相提並論呢？」蝸牛顯得很傲慢，「我有房子，妳有嗎？」

說罷，蝸牛瞧也不瞧毛毛蟲一眼，旁若無人地往前爬去。

幾天以後，那隻毛毛蟲蛻變成了一隻長著金翅膀的蝴蝶。

蝸牛見到蝴蝶，想起了那毛毛蟲。他等著蝴蝶主動問候，但蝴蝶在花叢中飛來飛去，裝作沒看見蝸牛。最後，蝸牛實在忍不住了，不禁先開口與蝴蝶打招呼：「漂亮的妹妹，妳在忙什麼呢？怎麼對妳的哥哥不理不睬。」

「哦，蝸牛先生，我什麼時候又成了你的妹妹了呀？」蝴蝶冷漠地說，「想當初，當我還是毛毛蟲的時候，你不是瞧不起我，不願意與我為伍嗎？現在我能飛了，有自己的事情和同伴了！」

別人在潦倒時不受你的待見，等別人騰達了也不會正眼看你。生活中有些勢利的女人，當她們的親戚朋友貧窮的時候，她們愛理不理的，或者打心底瞧不起別人；一旦她們的親戚有成就了，她們則千方百計巴結、攀關係——但這又有什麼用呢？

反過來，對於那些在你潦倒時輕蔑你、等你露頭角時巴結你的人，你也需要保持一份警惕之心。對於勢利的小人，我們最好是「敬而遠之」：用尊敬的態度和他保持一定距離，即不做朋友也不做敵人。

驢子交友

智子在牲口交易市場上閒逛，最後看中了一頭驢。他走上前將驢檢查了一遍，然後，問驢的主人：「我能試用一下嗎？」

「你要試用多長時間？」

「只要一天就行。」

「如果只有一天，沒問題。」

智子牽著驢回了家，把驢趕進了驢棚。

第二天一早，智子走進驢棚，一眼就看見那頭新驢正與驢棚裡最好吃懶做的一頭驢成為朋友。智子二話不說，牽著那頭驢就去了牲口交易市場。

「我不想買這頭驢子！」智子對賣驢的人說。

「為什麼?你這麼快就試用過牠了?」驢的主人納悶地問道。「我不需要再試用了，因為我發現，牠一進驢棚，就和最好吃懶做的一頭驢交了朋友！」智子解釋說。

交友不慎，害人終身！不少女性朋友對此可謂教訓沉重。但所謂的「知人知面不知心」，要判斷一個人內在的特質，並不是那麼容易的。特別是對於感性直觀的女性朋友們來說，很容易被表面的東西所迷惑。而以上這則寓言，為我們提供了一個比較好的考察朋友的方式：看對方的朋友是哪一些人。

人們常說「物以類聚，人以群分」，意思是什麼樣的人就喜歡和什麼樣的人在一起，因為他們價值觀相近，所以才湊到一起合得來。所以性情耿介的就和投機取巧的人合不來，喜歡酒色財氣的人也絕對不會跟自律甚嚴的人成為好友。

因此，對於那些社會經驗少、閱歷不足的年輕女孩來說，要想真正了解一個人的品行而不被迷惑、哄騙，只需要偷偷地觀察他（她）的交友情況就基本接近真實了。

獅子與鯨魚

一隻獅子在海灘上遊蕩，看見一隻鯨魚躍出水面，便勸鯨魚與自己結為同盟，說牠們的聯盟將是一對最好的搭擋，因為一個是海中動物之王，一個是陸地獸中之王。

鯨魚一聽，覺得很有道理，就高興地答應了。

不久，獅子和一群野牛展開了一場生死搏殺，獅子因為單獨行動而遭到失敗。

失敗了的獅子來到海邊，請求鯨魚助他一臂之力。儘管鯨魚很想助戰，但牠還是拒

絕了獅子的請求。

獅子氣憤地指責鯨魚背信棄義。鯨魚這樣回答：「不要責備我，我的朋友，我也想幫你一把，但造物主讓我成為海裡的動物，不能離開海水上陸地。」

原來，鯨魚並非不願意幫牠，是不能幫牠。家家有本難念的經，人人都有為難的事。找朋友借錢沒有成功，是她真的不願意幫嗎？或許，家境優裕的她恰好這段時間手裡缺現金；或許，她同意但遭到了老公的否決……總之，你有難處，朋友或許也有苦處。如果你的求助沒有得到朋友的大力幫助，還是多體諒一下對方的苦處吧！

公雞與白兔

小白兔和大公雞是一對好朋友。每天早晨，公雞飛上牆頭伸長脖子打鳴，小白兔就會從窩裡鑽出來，一邊揉著睡眼一邊說：「公雞哥哥你真早啊！」大公雞也會回敬她一句：「白兔妹妹，妳起來得也很早啊！」兩個人相處得非常好。小白兔還經常誇讚說：「公雞哥哥，你的叫聲真好聽！」公雞一聽叫的更起勁了。

樹上的烏鴉看見了非常嫉妒，趁著大公雞不在對小白兔說：「妳以為大公雞真的對

公雞與白兔

妳好，他覬覦著妳們家的食物呢。」生性多疑的小白兔一開始不相信，抵不上烏鴉三番五次的說閒話，後來貓頭鷹也這麼說，於是就相信了。

早晨，公雞依舊打鳴，小白兔從窩裡爬出來對著公雞喊：「吵什麼吵，煩死人了，讓人怎麼睡覺？」公雞很詫異，怯怯的說：「妳不是說我的叫聲很好聽嗎？」「什麼好聽，難聽死了，比烏鴉、貓頭鷹的叫聲還難聽！我一聽見你叫就煩！」說完氣惱的回窩了。

公雞非常鬱悶，多次找白兔想釐清到底是怎麼回事，都被拒之門外，公雞為此一直鬱鬱寡歡，早晨也懶得打鳴了，不久，公雞就不聲不響的死了。他到死也不知道到底是怎麼回事。烏鴉和貓頭鷹看到公雞死了，暗自高興，分吃了牠的屍體各自飛走了。小白兔一直到公雞死都沒去看牠，因為牠不相信世上還有真的友誼存在。不久，沒有朋友的小白兔因為重感冒無人幫忙買藥，在去藥局的路上不慎摔到懸崖下而重傷。重傷的小白兔獨自在窩裡舔著自己的傷口，在悔恨中永遠地閉上了自己的眼睛。

親朋友，遠小人，此朋友可以歡樂也；親小人，遠朋友，此朋友不相往來也。對朋友的不忠，只會使親者痛仇者快。到頭來，受傷的還是自己。

曾經有一位著名的女性說過：「友誼好比一個分數，雙方就是分子和分母。分子

（分母）有一個失去對方，分數值就化為烏有。」珍惜來之不易的友誼，因為朋友是真正的財富，而財富卻不是真正的朋友。

熊說了些什麼

有一天，兩個朋友動身去外地辦事。為了不耽擱時間他們決定走近路，穿越一座茂密的大森林，然後便可直抵目的地。

兩個朋友一邊走，一邊興致勃勃地聊著天，商量今後如何合夥做生意。

突然，有一頭大熊向他們迎面衝來。其中一個人立即撇下自己的朋友，飛快地跑向最近的一棵樹，然後迅速爬上去，隱藏在稠密的樹葉裡。另一個人眼看自己已來不及逃走，只得躺倒在地裝死。

熊跑了過來，低頭嗅聞著他。他盡力屏住呼吸，一動也不動，因為他聽人說過，熊是不會吃死人的。

果然如此，熊在嗅了嗅他的臉，聞了聞他的耳朵後，嚎叫一聲，就慢慢地離開了，不久便消失在森林裡。

這時，他的朋友從樹上滑下，走到他身旁，問：「那頭熊趴在你耳邊，對你說什麼了？」

「牠叮囑我：『患難朋友才是真正的朋友。』」他回答說。

以上是《伊索寓言》中的一則小寓言，我們在讀初中時就學過。寓言中所說的道理很簡單，無非是危難之時見真情（或假意）。假作真時真亦假，我們漸漸分不清誰是真朋友，誰是假朋友？有人說，非到落難關頭，朋友難分真假。可太平盛世時，又如何區分？這就是視乎如何定義朋友了，如果凡是相識的都叫做朋友，那麼樹大有枯枝，出現「假貨」的機會也很高。其實，只要你搞清楚真朋友的定義，那些背道而馳的自然是假朋友了。

例如：

✧ 朋友要互相支持。那些老是挑撥你與他人關係的人，踐踏你自尊的人，絕大多數是假朋友。

✧ 朋友不一定常見面，但至少要保持聯繫。那些三年都沒有消息，不願回覆你電話和訊息的人，很可能就是假朋友。

✧朋友是你喜歡見到他們的人。聚會時，那些令你渾身不自在只想快快回家的人，不一定就是朋友。

✧朋友是明白自己內心的人。不論你說什麼，他都「牛頭不搭馬嘴」，說不定就是假朋友。

✧朋友是建立在志同道合的基礎上，而非利益關係上。那些因為業務而往來的人，不能算是真朋友，而是業務夥伴。

諸如此類，年輕的你很快你便能列出一個「做朋友」的名單，然後懂得不要隨意獻出自己的真心，不必浪費自己的感情。

我只想睡覺

梅花鹿在樹林裡累了，牠想休息一下，就在林中草地上躺下，並請求兔子：「勞駕，過半小時叫醒我！」

兔子忙壞了，難得梅花鹿親自請他幫忙：「睡吧！睡吧！我一定叫醒你！」兔子拍胸脯保證。

我只想睡覺

梅花鹿伸了個懶腰，放心地閉上了眼睛。

「也許，你要墊點乾草？」兔子建議道。於是，牠弄來一小捆乾草，並用力往梅花鹿身下塞。

梅花鹿已睡意朦朧：「謝謝，我只想睡覺。」

「怎麼，不用？在乾草上想必要更暖和些。」

「算啦，算啦……我只想睡覺……」

「也許，在睡著前你想喝點水？小溪離這裡不遠，我等一下就把水送來。」

「不，不必了……我只想睡覺……」

「睡吧！睡吧！你想讓我在你耳邊講個故事嗎？這樣你很快就會睡著。」殷勤的兔子不停地說著。

「這也不用啦，……謝謝……我本來已經要睡著了。」

「也許，犄角影響你睡覺？」

梅花鹿跳了起來，一邊打著呵欠，強打精神走開了。

兔子驚奇地問：「你要去哪裡呀？要知道連二十分鐘都沒睡到呢！」

受寵若驚的兔子也不想想：牠的「關懷備至」是否影響到了對方的休息。

太多的殷勤總是讓人厭煩——這也是不少女人好心沒討好報的重要原因之一。更可悲的是：好心沒有好報後，還不知反省、悔改，只是一味地痛惜人心不古、遇人不淑……

刺蝟取暖

一場大雪悄然而至，森林裡的刺蝟凍得直發抖。為了取暖，牠們只好緊緊地靠在一起，但卻因為忍受不了彼此的長刺，很快就各自跑開了。

可是，天氣實在太冷了，牠們又想要靠在一起取暖。然而靠在一起時的刺痛，又使牠們不得不再度分開。就這樣反反覆覆分了又聚，聚了又分，牠們不斷地在受凍與受刺兩種痛苦之間往復掙扎。

最後，刺蝟們終於找出了一個適中的距離，既可以相互取暖又不至於彼此刺傷。

聰明的女人在與朋友的交往中，絕不會像口香糖一樣黏住對方不放（口香糖嚼久了味同嚼蠟）。她們知道交朋友也如同刺蝟取暖，要有一種彈性，要保持一定的度。因為，「距離」是一種美，也是一種保護。

交友的過程往往是一個彼此氣質相互吸引的過程，因此你們有共同的「東西」，所以一下就越過了鴻溝，而成了好朋友，甚至「一見如故，相見恨晚」。這個現象無論是異性或同性都一樣，但再怎麼互相吸引，雙方還是有些差異的，因為彼此來自不同的環境，受不同的教育，因此人生觀，價值觀再怎麼接近，也不可能完全相同，當兩人的「蜜月期」一過，便無可避免地要碰觸彼此的差異。於是，從尊重對方開始變成容忍對方，到最後成為要求對方，當要求不能如願，便開始背後的挑剔，批評，然後結束友誼。

所以，聰明女人在交友時，一定會給彼此留下一些空間，不會因為關係好而失了分寸，口無遮攔。古人常說：「君子之交淡如水」，就是這個意思。所以，為了友誼，為了人生，要在人際交往中和朋友保持一定的度，避免因過分的親密而失去朋友。

一根骨頭的友誼

黃狗和黑狗吃飽了飯，躺在廚房外的牆腳邊晒太陽，並彬彬有禮地攀談起來。牠們談到人世間的各種問題，自己必須做的工作，惡與善，最後談到了友誼問題。

黑狗說：「人生最大的幸福，就是能和忠誠可靠的朋友在一起生活，同甘苦，共患難。彼此保護對方，使朋友高興，讓牠的日子過得更加快樂，同時也在朋友的快樂裡找到自己的歡樂。天下還能有比這更加幸福的嗎？假如你和我能結成這樣忠誠的朋友，日子一定好過得多。」

黃狗熱情洋溢地說道：「太好了，就讓我們做朋友吧！」

黑狗也很激動：「親愛的黃狗，過去我們沒有一天不打架，我好幾次都覺得非常痛心！這是何苦呢？主人很好，我們吃得又多，住得也寬敞，打架是完全沒有道理的！來吧！握握爪吧！」

黃狗嚷道：「贊成，贊成！」

兩個新要好起來的朋友立刻熱情地擁抱在一起，互相舔著臉孔，高興極了，牠們高呼著：「友誼萬歲！讓吵架、妒忌、怨恨都滾開吧！」

就在這時候，廚師扔出來一根香噴噴的骨頭。兩個新朋友立即像閃電似的向骨頭直撲過去。友好和睦像燃燒的蠟燭一般融掉了。「親密」的朋友很「親密」地滾在一起，相互撕咬，搞得狗毛滿天亂飛。直到一桶涼水澆到牠們背上，才把這一對活寶拆開了。

說得再好聽，一看見「骨頭」就原形畢露。狗如此，人又何嘗不是如此呢？

狗改不了啃骨頭的本性，因此看到骨頭，就忘了牠曾經許下的諾言。人的表現雖然不會像狗那麼直接，但不管他怎麼偽裝，碰到他心儀的東西，總會無意識的顯現他的真面目。因此好色的人平時道貌岸然，但一看到漂亮的女人就會兩眼色瞇瞇，言行失態；好賭的人平時循規蹈矩，但一上牌桌就廢寢忘食，欲罷不能。不是他們不知道顯露這種本性不好，而是一看到所好之事或所好之物就忍不住要掀掉假面具——就像那兩條狗。

輕信是不少女人身上的弱點。因為輕信朋友而破財失身、甚至鋃鐺入獄的例子不勝枚舉。在扼腕痛苦之餘，編者再次提醒各位女性朋友：在結交朋友時，不要只觀其言，更要查其行。

沉默的狗

傍晚，一隻羊獨自在山坡上玩。突然從樹木中竄出一隻狼來，要吃羊。羊跳起來，拚命用角抵抗，並大聲向朋友們求救。

牛在樹叢中向這個地方望了一眼，發現是狼，揚蹄跑走了。馬低頭一看，發現是狼，一溜煙跑了。驢停下腳步，發現是狼，悄悄溜下山坡。豬經過這裡，發現是狼，衝下山坡。兔子一聽，更是如箭一般而去。

山下的狗聽見羊的呼喊，急忙奔上坡來，從草叢中閃出，一下咬住了狼的後腿，狼痛得直叫喚，趁狗換氣時，倉皇逃走了。

羊大難不死，剛回到家，朋友們就都來了，牛說：「你怎麼不告訴我？我的角可以剜出狼的腸子。」馬說：「你怎麼不告訴我？我的蹄子能踢碎狼的腦袋。」驢說：「你怎麼不告訴我？我一聲吼叫，嚇破狼的膽。」豬說：「你怎麼不告訴我？我用嘴一拱，就讓牠摔下山去。」兔子說：「你怎麼不告訴我？我跑得快，可以傳信呀！」

在這鬧嚷嚷的一群中，唯獨沉默的只有狗。

女人啊！請記住：真正的友誼，不是花言巧語，而是關鍵時候伸出拉你的那隻手。那些整日圍在你身邊，讓你有些小快樂的朋友，不一定是真正的朋友。而那些看似遠離，實際上時刻關注著你的人，在你得意的時候不去奉承你，你在急難的時候默默為你做事的人——他們才是你真正的朋友。

風也吹不動

阿拉伯有兩個朋友在沙漠中旅行，在旅途中的某個地方他們吵架了，一個還給了另外一個一記耳光。

被打的覺得受辱，一言不語，在沙子上寫下：「今天我的好朋友打了我一巴掌。」

他們繼續往前走。直到到了沃野，他們就決定停下。

被打巴掌的那位差點淹死，幸好被朋友救起來了。被救起後，他拿了一把小刀在石頭上刻了：「今天我的好朋友救了我一命。」

一旁好奇的朋友問說：「為什麼我打了你以後，你要寫在沙子上，而現在卻要刻在石頭上呢？」

另一個笑了笑，回答說：「當被一個朋友傷害時，要寫在易忘的地方，風會負責抹去它；相反的如果被幫助，我們要把它刻在心裡的深處，那裡任何風都不能抹滅它。」

這真是一句醒世良言。其實，朋友之間的傷害往往是無心的，幫助卻是真心的。似乎盤古開天闢地，三皇五帝到如今，女人就有「小心眼」的名聲。女人的身體應該是小巧玲瓏的，舉止應該是小家碧玉的，自然心眼也該是小雞肚腸的。男人這麼想，女人也

以小為美。男人說女人是「小女人」的話，大多數女人是不以為意的，有些還會「倚小賣小」，撒起嬌來不得了。

小心眼的女人很敏感。也許在別人看來，只是一件小得不能再小的事情，小心眼的女人也會看得很嚴重。或者在別人看來很正常的事情，小心眼的女人也會看成不正常。

小心眼的女人愛胡思亂想。常常用自己的想當然來折磨自己，極大地影響了心情。小心眼的女人會不停地捕捉一些細枝末節，連繫到一些本來毫不相干的事情，然後仔細地尋找其中的因果連繫，當那些不相干的事情被小心眼的女人用自己的想像串連起來的時候，小心眼的女人心裡就會不高興。

小心眼的女人喜歡生氣。一旦自己的胡亂猜測在腦中理清了頭緒，便會生起氣來。生氣的時候覺得自己特別正確，覺得別人特別可氣，覺得非把自己的氣話說出來不可，不去管那些自認為正確的話究竟是否真的正確，也不去管別人聽了那些話心裡會是什麼感受。

小心眼的女人特別脆弱。很小的事情都會讓小心眼的女人覺得受到了很大的委屈，覺得自己很受傷很受傷，總希望得到別人的軟語安慰和悉心呵護，如果想要得到安慰和呵護沒有如自己所願，就會很失落，很難過。

小心眼的女人一點也不自信。正是因為不自信，所以才會小心眼。經常覺得別人怎麼怎麼自己了，經常覺得自己處處不如人家，經常覺得自己不被重視，由不自信導致心理不平衡，一顆心飄飄忽忽的，一點也不踏實。

小心眼的女人其實有很多。有些小心眼的女人天生就小心眼，有些小心眼的女人本來並不小心眼。那些天生就小心眼的女人，你究竟為什麼會小心眼？那些本來並不小心眼的女人，是什麼讓你變得小心眼？

可不可以不要小心眼？忘記那些無心的傷害，銘記那些對你真心幫助，你會發現這世上你有很多好朋友。

都是愛心惹的禍

一天，有個商人把一頭累得不能再走的驢，扔到了途中。一隻心地善良的駱駝看見倒在地上奄奄一息的驢，非常同情，就走到跟前說道：「起來，朋友。看樣子你好像遭遇了巨大的不幸，受了什麼委屈。那邊有一片非常好的草地，我帶你過去。到那裡，你吃幾天的草，應該就沒事了。」

「駱駝大哥啊！我走不動啊！」驢有氣無力地說道，「看來，我快要死了啊！我該怎麼辦呢？」

駱駝聽後，非常傷心，很可憐驢，心中思量著怎麼辦。想了一下，最後，駱駝說：「我背你過去。」說著就臥在驢的旁邊。

驢十分困難地掙扎著爬到了駱駝的背上。駱駝費了很大的力，走了很長的路，才把驢背到了一個水草豐裕的地方。驢在草地上吃了幾天的嫩草，就完全康復了。過了不久，驢就長得肥肥的、壯壯的，能夠到處跳來跳去，叫個不停。

駱駝看到這種情況，就勸驢說：「朋友，不要亂叫好嗎？」

驢很不高興地說：「為什麼啊？誰規定不能叫啊？」

駱駝說：「這裡過往的商客很多，你一叫，它們聽見就會過來的。」

驢根本不聽駱駝的勸告，從早到晚不停地亂叫。

駱駝看見驢這個樣子，生氣地說：「你怎麼又亂叫，你再亂叫，就請你離開這裡。」

驢嬉笑地說：「朋友，我現在吃飽了不唱歌做什麼呢？」說完，又用更高的聲音叫了起來。

都是愛心惹的禍

正如駱駝所說的那樣，一個路過的商人聽到驢的叫聲之後，走到草地裡把驢和駱駝都捉去了。讓牠們馱上很重的貨物趕路。路上，駱駝責怪驢說：「都是你把我害成這個樣子的。若是聽了我的話，哪會有這樣的事情。」

「你少囉嗦！」驢瞪著眼睛說，「你要是再囉嗦，我就讓你把我身上的貨也馱上！」

走了一下子，驢突然像跌倒似地躺在了路上，無論商人怎麼弄也不起來。後來，商人沒辦法了，只好把驢背上的貨物卸了下來，放在駱駝身上。這時，驢才站起來，隨著商隊走去。這一下，駱駝更加惱怒了，大聲罵起驢來。

「你別罵。」驢笑著說，「你要再罵，我要讓你連我都馱了。」

駱駝氣得要命，說道：「沒良心的，什麼都能做出來。」

走了沒多久，驢又躺在了路上。商人想盡所有的辦法也沒有把驢弄起來，把驢扔下吧！商人又捨不得，只好把驢放在駱駝的背上，讓駱駝馱著驢。這一次氣得駱駝全身都發起抖來，牠用顫抖的聲音說道：「這就是幫你這種沒有良心的東西，所得到的報答。」

有句諺語說的是「自找的災禍，到哪裡躲避」，反映的正是駱駝的境遇。駱駝救了驢，反倒受驢欺負，也就是我們經常說的恩將仇報。

現實社會中總是不乏與友為敵的人，為了自己的利益而把朋友出賣。說出來很讓人憤慨，但仔細想一想，有哪一個不在打著自己的主意？所謂的一心為公、鐵面無私的人有嗎？也許有，但少的可憐。要不海瑞怎麼幾千年來就出現了一個？

我們所能做的只能是練就一雙能識善惡的慧眼，愛心是要有的，但是絕不能讓我們的愛心被別人利用了。

如此的朋友

一次偶然的機會，老虎和螃蟹、鷓鴣、穿山甲成為最親密的朋友，非常要好。老虎素來有森林之王的稱號，大家都很尊敬這位朋友，並封老虎為大哥，隨老虎出生人死，其樂無窮。

剛開始的一段時期，老虎能在山裡找到許多東西吃，加上朋友之間也常送點東西吃，大家禮尚往來，生活過得有滋有味。老虎得意地做大王，螃蟹、鷓鴣和穿山甲又非常願意尾隨其後，即使不經常看牠們一起出入，但牠們也感覺沾了不少老虎大哥的光，所以更加對大哥效力。

日子一天天過去了，老虎每天都要上山，每天都是空空而去，空空而回，山上沒有什麼可以讓牠吃的了。老虎也開始著急了，這樣的話，遲早自己會被餓死的，沒有肉的日子怎麼可以呢？於是牠開始左思右想，上看下看，急得團團轉，餓得直冒冷汗。忽然老虎靈機一閃，想到了昔日的幾個好朋友，準備來打螃蟹、鷓鴣和穿山甲的主意。

老虎來到了螃蟹面前。對螃蟹傾訴了痛苦之情，對螃蟹說：「螃蟹老弟，我知道你最明事理，既然我們是朋友，而我又快要餓死了，請你幫幫忙，讓我把你吃了，好嗎？我會記住你的恩情的。」

螃蟹一時傻了眼，想了一下說：「好啊！把你的尾巴伸過來，我順著尾巴爬進你的嘴巴讓你吃。」

老虎很高興地把尾巴伸過去，螃蟹伸開了兩把大鉗，用力地鉗住老虎的尾巴，老虎痛得大叫一聲，把尾巴一甩，螃蟹一撇鉗，被拋上空中，掉到山下的深潭裡去了。

老虎來到了鷓鴣面前，對鷓鴣傾訴了憤慨之情，對鷓鴣說：「鷓鴣老弟，我知道你最明事理，絕對不像螃蟹那樣忘恩負義的，既然我們是朋友，而我又快要餓死了，請你幫幫忙，成全我，好嗎？我會記住你的恩情的。」

鷓鴣不好意思地同答說：「好啊！但是我的屎好臭，還很髒，等我拉完屎你再來吃吧！」

鷓鴣拉完屎，趁老虎不注意，便溜進草叢裡去了。老虎等急了，走過去想把鷓鴣吃掉，哪知一腳踩到鷓鴣屎，摔了一跤。鷓鴣在草叢裡見到了，高興地大叫起來。

老虎想吃螃蟹吃不到，想吃鷓鴣吃不了，最後，只有去找又臭又蠢的穿山甲。這次，老虎見到穿山甲不問了，一口就咬住了穿山甲的背。穿山甲的背上長著堅硬的甲片，老虎啃了很久，把牙都快要磨爛了，怎麼啃都啃不動，沒有一點肉的感覺。啃了半天，除了累得氣喘吁吁，溫飽問題還是沒有根本得以解決。老虎便說：「穿山甲老弟，你怎麼全身都硬梆梆的呀！」穿山甲根本沒有想到老虎要吃自己，以為老虎在和牠開玩笑，便老實地說：「大哥，你真笨，我全身只有肚子才是軟的。你難道不知道嗎？」穿山甲說著說著，就自己翻了個觔斗，自老虎大哥展示自己肉嘟嘟的肚子，並告訴老虎說：「我也有肚子的！」沒等穿山甲說完，老虎的利牙已經上來了，隨著一聲慘叫，可憐的穿山甲就這樣莫名其妙地被他的老虎大哥吃掉了。

一身堅硬的甲片，本可以成為穿山甲可靠、堅實的防禦武器和生存貫本，但出乎意料的是牠不善於利用自己的優勢，而過於突出自己的弱點，並大方暴露給對方，雖然是對方是朋友。把弱點暴露給對方的後果，就勢必掩蓋自己的優勢，把自己置於尷尬粗地甚至走向死亡，誰說朋友不會成為敵人？

現實生活中，尤其是女孩子在張揚個性、展示自我的同時，一定不要太天真，要善於機敏地掩蓋自己的弱點，揚優補弱，靈活應對。烈的競爭中激流勇進。

朋友之爭

有一隻錦雞，一隻兔子，一隻猴子和一隻大象，牠們結拜為兄弟。

錦雞因為能飛，有一次飛上了三十三重天，銜來了一顆果樹種子。這種子是萬年生長，一年四季都結果子的。

牠們當中兔子最有心機，知道這種子的貴重，就首先動手把種子種在地上。猴子知道這樹會結果，就天天給樹除草。大象也想吃果子，就天天用鼻子從河裡汲水來澆灌。

由於大家照料，樹一天天地長大了，很快就結果了。

錦雞從樹尖飛過，看見果子成熟了，心想：「我帶來的種子結果，我的功勞可不小啊！現在該我享受了！」於是，牠天天飛上樹，在樹上慢慢地啄食這果子。

猴子是可以上樹的，牠想吃就爬上樹，不想吃就爬下來。

象的個子很大，就用牠的長鼻子捲著樹枝吃果子。

中間最吃虧的就是兔子。牠爬不上樹，只有在樹下撲打縱跳，望著香氣撲鼻的果子，翹尾巴，舔嘴唇。

樹，一天天長高了，連有長鼻子的象也吃不到果子了。於是，牠們開始有了爭吵。象和兔一齊向錦雞和猴子嚷著：「這太不公平，樹長高了，只有你們兩個吃得到，要知道我們也曾經澆過水啊！」

兔更不滿意說：「是的，真的是很不公平，我一直吃不到一個果子，只吃了幾片落下來的樹葉」

但是錦雞和猴了只顧自己吃，不理牠們。牠們沒有辦法，就找了一個聰明的人幫助牠們評理。聰明人說：「你們四個先不要爭，天底下原來沒有這種果樹，你們先說這果樹是從哪能裡來的？是怎樣生長的？你們告訴了我，我就可以幫你們想出調解的辦法來。」

錦雞說：「聰明人啊！正如你所說，這樹天底下本來沒有，是我從三十三重天上銜來的種子生長出來的，我的功勞最大，難道不是嗎？」

兔子說：「雖然錦雞銜來種子，但牠不知道該怎麼辦，是我想到把它種到地裡，因此才有了這棵樹。可我卻一直吃不到果子，只能吃到偶爾落下來的幾片葉子。你說公平嗎？」

猴了說：「雖然有了種子，有人種下地，但我除草的功勞可不小啊！這樹原來只有一根細草那樣大，要不是我天天除草，它怎麼能活呢？」

象說：「雖然有了種子，有人種地，有人施肥，但是，天旱了這麼久，我每天都用鼻子從河裡運水來澆它，它才生長起來的。我也有功勞啊！」

聰明人說：「照這樣說，你們每個人都對這樹出過力，每人都該該吃到這果子。你們與其這樣爭吵，不如大家一起想能吃到果子的辦法，因為只有這樣，才不致傷害你們之間的感情，而且又能讓這棵樹結更多的果實。」

牠們覺得這話很有道理，於是就一起商量。終於商量出一個辦法，規定大家摘果了要一起摘，讓象站下邊，象背上站猴子，猴了背上站兔子，兔背上站錦雞，然後錦雞摘下果子交給兔，兔交給猴，猴交給象，果子摘好了，大家一起吃。

自從想出這個辦法以後，牠們就不再爭吵了，而且使這棵樹長得更好，果子也結得更多了。

這就是被描繪在藏族地區牆壁上的那幅五色彩畫的來歷。它教給人們知道團結和尊重他人工作的意義。自私自利的散亂狀態，大家都沒得吃；一種是團結一致的協調組合，大家都能吃。

不要低頭只看見自己的功勞，抬起頭就會發現別人做的並不比自己少。既然大家都是朋友，為何不能同甘共苦？

貓和老鼠交朋友

有一隻貓結識了一隻老鼠。貓一再說牠多麼愛老鼠，願意跟牠做朋友。老鼠終於同意和牠往在一起生活。「我們應該準備冬季的食物了，不然我們會挨餓的。」貓說：「親愛的老鼠，你不要到處亂闖，我怕你最後會落到捕鼠器裡去。」聽從貓的忠告，牠們買來了一罐豬油。但牠們不知道該把罐子放到哪裡好。考慮了好久，貓說：「藏豬油的地方，沒有比教堂更好的了；誰也不敢到那裡拿東西。把罐子藏到祭壇下面、我們不到需要的時候，不要去動它。」

罐子總算藏到安全的地方了。但是沒過多久，貓想吃豬油了，牠對老鼠說：「我想對你講件事，親愛的老鼠，我的表妹生了個寶貝兒子，要請我去做乾爹。這隻小雄貓一身白絨毛，帶有褐色花斑，我得抱牠去受洗禮。我今天去一下，你獨自把家顧好。」

貓和老鼠交朋友

「好。」老鼠回答說，「去吧！上帝保佑你！你要是吃到什麼好東西，可別忘了我；我喜歡喝一點產婦喝的紅甜酒。」但是這一切都是假的，貓既沒有表妹，也沒有人請牠去做乾爹。牠徑直到教堂去了，牠偷偷地溜到那罐豬油旁邊，開始舔油吃了。牠舔去了油上面的一層表皮，然後在市區的屋頂上散步，接著找了個場所，便在太陽下舒舒服服地躺下來休息。牠只要一想到那罐豬油，就饞得直舔鬍鬚。直到傍晚，牠才回家。

「呵，你回來啦。」老鼠說，「你一定愉快地過了一天。」

「過得很好。」貓回答說。

「那孩子叫什麼名字？」老鼠問道。

「叫『去了皮』。」貓冷冰冰地回答。

「『去了皮』？」老鼠叫道，「這可是一個奇怪而少見的名字。你們常用這個名字嗎？」

「這有什麼稀奇？」貓說，「牠不比你們叫『偷麵包屑的』更壞呀！」

沒有多久，貓的嘴又饞起來。牠對老鼠說：「你得幫幫我的忙，再單獨看一次家；又有人家請我去做乾爹了，由於那個孩子脖子上有一道白圈，所以我不能推辭。」善良的老鼠同意了。貓卻悄悄地從城牆後面走到教堂裡，把罐子裡面的豬油吃了一半。牠說：「再也沒有比自己單獨吃東西的味道更好了。」牠心滿意足地回家了。到家後，老鼠問道：「這個孩子叫什麼名字？」

「叫『去了一半』。」貓回答說。

「『去了一半』？你在說什麼呀！這種名字我平生還沒聽見過。我敢打賭，書上都沒有這個名字。」

不久，貓又對那美味的豬油垂涎三尺了。牠對老鼠說：「好事必成三，我又要去做乾爹了。那孩子渾身烏黑，唯有爪子是白的，除此，全身沒有一根白毛。這可是幾年才碰到一次的事，你讓我去嗎？」

「『去了皮』！『去了一半』！」老鼠說，「都是些非常奇怪的名字，這真叫我費解。」

「你穿著深灰色粗絨外套，拖著長辮子，整天坐在家裡，心情自然會鬱悶，那是因為白天不出門的緣故！」

貓走後，老鼠便打掃房屋，把家裡弄得很整潔。那隻饞嘴貓卻把一罐豬油吃光了。牠自言自語他說：「通通吃完，也就安心了。」直到夜裡，牠才吃得飽飽的，脹鼓鼓地回到家裡。老鼠馬上問孩子的名字。「你可能也是不會喜歡的。」貓說，「牠叫『一掃光』。」

「『一掃光』？」老鼠驚叫了起來，「這是一個很難理解的名字，我在書上還沒有看見過。一掃光，這是什麼意思？」牠搖搖頭，蜷起身子，躺下睡覺了。

從此以後，再沒有人請貓去做乾爹。冬天到了，外面找不到半點吃的東西，老鼠想到牠們儲存的東西，便說：「走吧！貓，我們去吃儲存的那罐豬油吧！那東西一定很好吃。」

「是的，」貓答道，「一定合你的口味，就像你把伶俐的舌頭伸到窗外去喝西北風的滋味一樣。」牠們動身上路。到了那裡，罐子儘管還在原來的地方，但早已空空的了。

「哎呀！」老鼠恍然大悟，「現在我知道是怎麼一回事啦，如今可真相大白了，你真不愧是我的好朋友！你假裝去做什麼乾爹，卻把豬油全都吃光了：先是吃皮，然後吃了一半，以後就……」

「你給我住口！」貓叫道，「再說一個字，我就吃掉你！」

但是「一掃光」幾個字已經到了可憐的老鼠嘴邊。話剛一出口，貓就跳過去，一把抓住牠，把牠吞吃了。

交友不慎害死人，這樣的教訓比比皆是。老鼠是老鼠，貓是貓。牠們天生就不是一

條道上「人」。老鼠非要火中取栗，與之交「朋友」，到頭來只有害了自己。這也給那些心地善良或心存僥倖的女人們提了一個醒：遠離那些和你不是一條道上人，不管他（她）說得多麼動聽。

第二章　性情女人的愛情寶典

在古老的童話與現代的愛情肥皂劇中，經常會有一個灰姑娘式的主角。這個灰姑娘堅信：總有一天，王子會騎著白馬來到灰姑娘的面前，將自己拯救。

歷經了萬千艱辛，最終——「從此，王子與灰姑娘過上了幸福的生活。」這是標準的結束語。但是，生活不是童話，也不是肥皂劇。真正的愛情也許是這樣：沒有太多的轟轟烈烈驚天動地，有的是像流水一樣綿延不斷的感覺；沒有太多的海誓山盟花前月下，有的是相對無言眼波如流的默契……

在滾滾紅塵中，我們平凡、普通而又真實。我們珍惜迎面而來的、並不驚心動魄的感情。

愛的沉淪

從前在一個遙遠的小島上，住著一群「感覺」——有快樂、有悲傷、有謙虛、有貪婪等。當然，愛情也住在這個島上。有一天，這個小島被告之即將沉沒，於是大家都趕緊收拾行李，坐上自己的小船，準備逃離這個小島，去尋找另一塊土地。只有愛情留了下來，她想等到島整個沉沒了，再坐船離開……

可是，等到整個島沉入了海洋，愛情才發現自己的小船也沉沒了。於是，愛情決定向其他夥伴們求救。

富有的小船是距離愛情最近的一艘，但是富有拒絕了愛情。他說他的小船已經載滿了金銀珠寶，載不動愛情。

就在這時候，虛榮也經過了愛情身邊，但是他也拒絕了愛情的求救。因為他嫌愛情全身溼漉漉的，都是又鹹又髒的海水，會弄髒他華麗的小船。

愛情等啊等，終於看見悲傷的小船駛過來了。但是悲傷也拒絕了愛情。因為他早已經習慣了孤獨一人。

不久快樂也來了，但是她只顧自己哼著愉快的歌，完全沒有注意到愛情的求救。

就在愛情感到心灰意冷的時候，又有一艘小船開過來，船上站著一位愛情不了解的老人。老人笑呵呵地對愛情說：「讓我來載你吧！」

愛情開心地笑了，搭上小船，和這位老人一起乘風破浪。他們來到了一塊清香的土地，老人放下了愛情，又繼續自己的旅程。獲救的愛情這才想起，自己居然忘了問那位老人的姓名。

有一天，愛情碰到了另一位叫智慧的老人，就問他那天幫助自己的老人叫什麼名

字。智慧老人告訴她說：「他的名字叫時間。他之所以願意幫助你，是因為整個島上只有他才能明白你存在的價值。」

一曲〈梁祝〉，讓千年前的那段唯美之愛流傳至今；許仙和白娘子的愛情，演繹出多少動人的故事！

時間會讓你了解愛情，時間能夠證明愛情。當然，時間也能夠把那些所謂的愛情推翻。人生自是有情痴，此恨不關風與月。愛情看不見摸不著，卻深深銘刻在心裡，滲入骨髓，無可擺脫。匈牙利著名詩人裴多菲說：「生命誠可貴，愛情價更高。」冰心則說：「愛在左，情在右，在生命的兩旁，隨時撒種，隨時開花，將這一徑長途點綴得花香瀰漫，使得穿花拂葉的行人，踏著荊棘，不覺痛苦，有淚可揮，不覺悲涼！」

千年等一回

很久以前，有個鐘靈寺，每天都有許多人上香拜佛，香火很旺。在鐘靈寺的橫梁上有隻蜘蛛結了張網，由於每天都受到香火和虔誠的祭拜和薰陶，蜘蛛便有了佛性。經過一千多年的修煉，蜘蛛的佛性增加了不少。

忽然有一天，佛祖光臨了鐘靈寺，看見這裡香火甚旺，十分高興，離開寺院的時候，不經意地抬頭，看見了橫梁上的蛛蛛。佛祖停下來，問這隻蜘蛛：「你我相見實在算是有緣，我來問你一個問題，世間什麼才是最珍貴的？」蜘蛛想了想，回答到：「世間最珍貴的是『得不到』和『已失去』。」佛祖點了點頭，離開了。

就這樣又過了一千年，蜘蛛依舊在鐘靈寺的橫梁上，牠的佛性大增。一日，佛祖又來到寺前，對蜘蛛說道：「一千年前的問題，可有什麼更深的了解嗎？」蜘蛛說：「我覺得世間最珍貴的是『得不到』和『已失去』。」佛祖說：「你再好好想想，我會再來找你的」。

又過了一千年，有一天，颳起了大風，風將一滴甘露吹到了蜘蛛網上，蜘蛛望著甘露很開心，牠覺得這是三千年來最開心的一天，突然，颳起一陣大風，將甘露吹走了。蜘蛛一下子就感覺失去了什麼，很寂寞難過。這時佛祖又來了，問蜘蛛：「蜘蛛，這一千年你可好好想過這個問題：世間什麼是最珍貴的？」蜘蛛想到了甘露，對佛祖說：「世間最珍貴的是『得不到』和『已失去』。」佛祖說：「好，既然你有這樣的認知，我讓你到人間走一遭吧！」

就這樣，蜘蛛投胎到一個官宦家庭，成了富家小姐，父母為她取了個名字叫珠兒。

一晃，珠兒到了十六歲了，已經成了個婀娜多姿的少女，長得十分漂亮，楚楚動人。

這一日，新科狀元甘鹿進見，皇帝決定在後花園為他舉行慶功宴。來了許多妙齡少女，包括珠兒，還有皇帝的小公主長風。狀元郎在席間表演詩詞歌賦，大獻才藝，在場的少女無一不為他傾心。但是，珠兒一點也不緊張，因為，他知道這是佛祖賜給她的姻緣。

過了些日子，說來很巧。珠兒陪同母親上香拜佛時，正好甘鹿也陪同母親而來。上完香，二位長輩在一旁聊天。珠兒和甘鹿就來到走廊上散步，珠兒很開心，終於可以和喜歡的人在一起了。但是，甘鹿並沒有表現出對她的喜愛。珠兒對甘鹿說：「你難道不曾記得十六年前鐘靈寺的蜘蛛網上的事嗎？」甘鹿很詫異，說：「妳很漂亮，也很討人喜歡，但是，妳的想像力未免太豐富了吧！」說罷就和母親離開了。

珠兒回到家心想，佛祖既然安排了這場姻緣，為何不讓他記起那件事，甘鹿為何對我沒有一點感覺？

幾天後，皇帝下詔，命新科狀元甘鹿和長風公主完婚，珠兒和太子完婚。這消息如同晴空霹靂，她怎麼也想不通，佛祖竟然這樣對她。幾日來，她不吃不喝，苦思冥想。靈魂即將出殼，生命危在旦夕。太子知道了，急忙趕來，撲到在床邊，對奄奄一息的珠兒說：「我對妳一見鍾情，我苦求父皇，他才答應，如果妳死了，那麼我也不想活了。」說著就拿起了寶劍準備自刎。

就在這時，佛祖來了，他對快要出竅的珠兒靈魂說：「蜘蛛，你可曾想過甘露是由誰帶到你這裡來的？是風帶來的，最後也是風將它帶走的，甘鹿是屬於長風公主的。他對你不過是生命中的一段插曲。而太子草是當年鐘靈寺門前的一棵小草，他看了你三千年，愛慕你三千年，但你卻從沒有低下頭看過它。蜘蛛，我再來問你：世間什麼才是最珍貴的？」蜘蛛聽到了這些真相後，好像一下大徹大悟了。她對佛祖說：「世間最珍貴的不是『得不到』和『已失去』，而是現在能掌握的幸福」。剛說完，佛祖就離開了。珠兒的靈魂也歸位了。她睜開眼睛，看到了正要自刎的太子，她馬上打落寶劍和太子深深的擁抱在一起……

愛給了我們快樂，也給了我們痛苦；愛讓我們迷失，也讓我們成長。俗話說，強摘的果子不甜。如果他不愛你，在他看來，你所做的一切都是愚不可及的。你的傷心，你的難過，你的失眠與眼淚都不能打動他。他可能會被你的痴心所感動，但感動和愛是兩回事。

真愛，是幸運、還是命運？

追求真愛而英年早逝的徐志摩，曾在給恩師梁啟超先生的書信上說：「我將在茫茫人海中尋訪我唯一之靈魂伴侶。得之，我幸；不得，我命。」短短的一句話，道盡真愛的珍貴與無奈。

善寫情詩的徐志摩雖然說得非常好，但做得似乎不夠。徐志摩在二十歲時順從家中娶了自己並不愛的張幼儀為妻子，後來與才女林徽音相戀，但林徽音最終因為社會以及家庭壓力選擇了梁思成。無緣於林徽音的徐志摩，最後與民國四大才女之一的陸小曼喜結連理。相較於林徽音的丈夫梁思成，以及陸小曼的前夫王賡，徐志摩對於愛情做得都不夠。梁思成明明知道妻子林徽音的心中還有徐志摩的身影，卻仍以愛來包容。王賡已經知道留不住陸小曼的人與心，決然選擇放手，用成全的方式來「愛」陸小曼。

但願我們在追求愛情的時候，都有積極的努力。而當愛情走遠的時候，也同樣能有放手的豁達。

肩膀上的蜻蜓

一個非常寧靜而美麗的小城，有一對非常恩愛的戀人，他們每天都去海邊看日出，晚上去海邊送夕陽，每個見過他們的人都投來羨慕的目光。

肩膀上的蜻蜓

可是在一場車禍中，女孩不幸受了重傷，她靜靜地躺在醫院的病床上，幾天幾夜都沒有醒過來。白天，男孩就守在床前不停地呼喚毫無知覺的戀人；晚上，他就跑到小城的教堂裡向上帝禱告，他已經哭乾了眼淚。

一個月過去了，女孩仍然昏睡著，而男孩早已憔悴不堪了，但他仍苦苦地支撐著。終於有一天，上帝被這個痴情的男孩感動了。於是他決定給這個執著的男孩一個例外。上帝問他：「你願意用自己的生命作為交換嗎？」男孩毫不猶豫地回答：「我願意！」上帝說：「那好吧！我可以讓你的戀人很快醒過來，但你要答應化作三年的蜻蜓，你願意嗎？」男孩聽了，還是堅定地回答道：「我願意！」

天亮了，男孩已經變成了一隻漂亮的蜻蜓，他告別了上帝便匆匆地飛到了醫院。女孩真的醒了，而且她還在跟身旁的一位醫生交談著，可惜他聽不到。

幾天後，女孩就康復出院了，但是她並不快樂。她四處打聽著男孩的下落，但沒有人知道男孩究竟去了哪裡。女孩整天不停地尋找著，然而早已化身成蜻蜓的男孩卻無時無刻圍繞在她身邊，只是他不會說話，不會擁抱，他只能默默地承受著女孩的視而不見。夏天過去了，秋天的涼風吹落了樹葉，蜻蜓不得不離開這裡。於是他最後一次飛落在女孩的肩上。他想用自己的翅膀撫摸她的臉，用細小的嘴來親吻她的額頭，然而他弱小的身體還是不足以被她發現。

轉眼間，春天來了，蜻蜓迫不及待地飛回來尋找自己的戀人。然而，她那熟悉的身影旁站著一個高大英俊的男人，蜻蜓幾乎快從空中墜落下來。人們講起車禍後女孩病得多麼的嚴重，描述著那名男醫生有多麼的善良、可愛，還描述著他們的愛情有多麼的理所當然，當然也訴說了女孩已經快樂如從前。蜻蜓傷心極了，在接下來的幾天中，他常常會看到那個男人帶著自己的戀人在海邊看日出，晚上又在海邊看日落，而他自己除了偶爾能停落在她的肩上以外，什麼也做不了。這一年的夏天特別長，蜻蜓每天痛苦地低飛著，他已經沒有勇氣接近自己昔日的戀人。她和那男人之間的喃喃細語，快樂的笑聲，都令他窒息。

第三年的夏天，蜻蜓已不再常常去看望自己的戀人了。她的肩被男醫生輕擁著，臉被男醫生輕輕地吻著，根本沒有時間去留意一隻傷心的蜻蜓，更沒有心情去懷念過去。上帝約定的三年期限很快就要到了。就在最後一天，蜻蜓昔日的戀人跟那個男醫生舉行了婚禮。蜻蜓悄悄地飛進教堂，落在上帝的肩膀上，他聽到下面的戀人對上帝發誓說：我願意！他看著那個男醫生把戒指戴到昔日戀人的手上，然後看著他們甜蜜地親吻著。蜻蜓流下了傷心的淚水。

上帝嘆息著：「你後悔了嗎？」蜻蜓擦乾了眼淚：「沒有！」上帝又帶著一絲愉悅說：「那麼，明天你就可以變回你自己了。」蜻蜓搖了搖頭：「就讓我做一輩子蜻蜓吧！」

有些緣分是注定要失去的，有些緣分是永遠不會有好結果的。緣分、緣分，要的是有緣還要有分。愛一個人不一定能夠擁有，但擁有一個人就一定要好好去愛他！珍惜他！

你的肩上有蜻蜓嗎？

刺蝟愛上了玫瑰

一隻鳥在花農那裡偷食了花種，離開的時候還不忘銜幾粒飛走。當牠飛到一個花園的牆角上，不禁被滿園美麗的各種花朵所吸引，停了下來。

「啊！」鳥剛想要讚嘆，一粒花種卻漏了下來，鳥不敢再多說什麼，飛走了。

那粒漏下的種子於是順著牆沿落入了花園內。可那是花園的牆角啊！很少會被注意到，她卻要在那裡悄悄的生長。

她努力的吸收露水和陽光，希望可以長成像花園裡其他的花朵一樣美麗，希望可以引起主人的注意並得到主人的疼愛。不管有多艱難，一定要開出美麗的花朵。這是她的願望。

隨著太陽和月亮無數次的在天空輪換，白天它靜靜的吸收著陽光，晚上在接受露水滋潤的同時輕聲吟唱著動人歌曲。

終於有一天，她的願望實現了，她開出了花朵。然而，她並不快樂，因為她在牆角，沒有人發現她，沒有人和她說話。每晚她只能在花園的牆角憂傷的唱歌。

也許我的花朵並不美麗，所以沒有人注意到——她在心裡這樣想著，默默的在心裡流淚。花朵其實是很脆弱的。

也許生命在世界上存活下來是為了要遇見另一個生命吧！

一個夜晚，一隻刺蝟不小心闖進了花園。為了躲避花園主人的追打，他拚命往最不起眼的地方跑去，這樣才躲開了。同時他也發現了一朵嬌豔的花在憂傷的唱著歌，泛起他心裡的陣陣漣漪。

「你是誰？從來沒有見過你。」花被他的突如其來嚇到了。

「別怕，我不會傷害妳的。我叫刺蝟，你呢？」他微笑的說著。

「我？不知道，從來沒有人發現過我，也沒有人和我說過話，我也不知道自己是誰。」她難過的底下了頭。

「我以前見過和妳同樣的花叫玫瑰，可是妳是我見過最美麗的一朵，我以後叫妳玫瑰好嗎？」

「玫瑰？好呀！謝謝你，刺蝟。」她有生以來第一次笑了。

那微微一笑驚豔了刺蝟，從那刻開始，刺蝟愛上了玫瑰。

那晚，玫瑰唱著動人的歌給刺蝟聽。刺蝟向玫瑰講訴了很多外面世界有趣的事情，笑的玫瑰花枝亂顫。刺蝟喜歡看著玫瑰笑，而玫瑰從來沒有那麼開心過。

天亮了，雖然刺蝟很不捨，但不得不離開。

「你要走了嗎？」玫瑰也有些不捨的問。

「是的，不過放心，我晚上再來看妳好嗎？」

「好的，認識你真好。」玫瑰綻放著她美麗的笑容。

刺蝟又呆住了，忍不住想湊上前親吻玫瑰的臉頰，可是

「哎呀！好痛！」還沒有等他靠近，他身上的刺已經先刺到了玫瑰，他突然想起來他是刺蝟。

「對不起！對不起！我以後不會再靠近妳了，原諒我好嗎？」

「沒關係。」玫瑰一點也不知道，其實自己也刺到了刺蝟，只是刺蝟痛在心裡沒有說出來。

他們是同類，卻不是一對。

以後，每晚刺蝟都在月亮升起的時候來看玫瑰。他們快樂的在一起說笑。而刺蝟心裡卻有個疙瘩，他不能靠近玫瑰，只能看著她。

一天晚上，刺蝟來的時候發現玫瑰的臉上浮著淡淡的憂傷。

「怎麼了？」刺蝟關心的問著，他深愛著玫瑰，不希望看見她難過。

「我一直努力的生長就是為了讓花園的主人注意，可是我在牆角……」玫瑰難過的哭了，低下了頭。

刺蝟很想上前將玫瑰抱在懷裡安慰她，可是……

「不要哭，哭了就不美麗了。我幫妳吧！」刺蝟想到了辦法，「你等我。」

刺蝟跑了出去，故意在花園主人面前亂竄，冒著被追打的危險，把人引到了玫瑰那裡。

「咦？我的花園裡沒有種玫瑰，這裡怎麼長著這麼漂亮的一朵呢？我怎麼從來都不知道？」花園主人很驚喜的看著玫瑰。

玫瑰終於等到了今天，她很高興，也很感激刺蝟。刺蝟躲在一旁也暗暗為玫瑰高興。

但是，花園主人又開口了：「明天我要把這枝玫瑰採下來送給我最愛的人，她收到後一定會很開心的。」之後，人快樂的走了，留下了悲傷的玫瑰和刺蝟。

「對不起，沒想到這樣反而害了妳。」刺蝟走出來，其實他心中也很難過。

「不怪你，這也許就是我的命運吧！只是我快要死了，以後再也不能見到你了……」玫瑰哭得很傷心。

「玫瑰不要哭，妳笑起來的樣子最美麗。」刺蝟想上去抱著玫瑰。

「哎呀！」玫瑰又被刺到了。

「對不起……」此時，他們兩面對著永別，刺蝟的心是何等悲哀，如果可以用自己的性命去交換玫瑰的性命，他一定願意。可是人類不會拿刺蝟來送人——象徵愛情？

「刺蝟，你抱抱我好嗎？」玫瑰含著淚水。

「可是，我會刺痛你的。」

「沒關係，我不怕痛，明天……」

於是刺蝟上前抱住了玫瑰，他感覺到玫瑰在顫抖，他知道她此刻很疼痛，因為自己也同樣感受著她的疼痛，於是放開了玫瑰。

他們彼此相愛，卻互相傷害。為了不傷害到玫瑰，刺蝟決定做一件事。

刺蝟忍著巨痛，開始一根一根的拔掉自己身上的刺。每拔掉一根，就會有紅色的液體留出。

「刺蝟，不要這樣！你會死掉的！」玫瑰驚叫著，邊流著淚水，卻無能為力。

「沒關係，不痛的！」刺蝟在這個時候依然對玫瑰微笑著。

刺蝟拔掉了最後一根刺，千瘡百孔，搖搖晃晃的走到玫瑰面前。

「玫瑰，我終於可以不讓妳疼痛的抱著妳了，我很開心。」刺蝟真的很開心。

刺蝟抱著玫瑰，任由她身上的刺再刺向他的傷口。玫瑰的眼淚滴落在刺蝟的身上，從傷口滲透皮膚，溶入血液，流進心臟。

「玫瑰，我愛妳！」刺蝟以微弱的聲音向玫瑰表白「可是我卻不能保護你，讓你永遠快樂」。

「刺蝟，我也愛你！」玫瑰流盡了所有的淚水。

刺蝟聽了，滿足的滑倒在地。

第二天清晨，花園主人再次來到玫瑰那裡，發現一隻沒有刺的刺蝟躺在玫瑰旁，已經沒有體溫和呼吸。而那朵玫瑰已經枯萎了，花瓣散落了一地，幾片蓋在刺蝟的身上。

越是世俗的社會，想捍衛愛情，越需要更多的付出。卓文君為了和司馬相如在一起，不惜拋棄了富貴榮華；楊過和小龍女為了相依，不惜忍受了數十年的咫尺天涯；梁山伯與祝英臺、羅密歐與茱麗葉更是用生命的代價詮釋了愛的偉大。愛他，不僅僅代表著同歡樂，有時還意味著共苦難！

灰白頭髮的尷尬

有一個中年人，他的頭上已出現白髮，他認為到了該考慮婚事的年紀。他不缺錢，因此也就有了好好物色一番的資本。值得驕傲的是女人們都竭力想討他的歡心，因此這位鑽石王老五也就顯得從容不迫，婚姻的確是一輩子的大事啊！

在他的心裡，有兩個女人最讓他動心，一個還年輕，另一個則是徐娘半老，只是由於善於保養，彌補了歲月在她臉上留下的痕跡。這兩個女人與他談情說愛，眉目傳情，對他恭維誇獎，還不時幫他梳理頭髮，美容美髮一番。年紀大些的經常把殘存的一些黑

髮一一拔掉，為的是使她與所愛的人更為速配。年輕的這個則恰恰相反，要把他的白髮全部拔光。

一個腦袋怎經得起如此的拔法，不久，那灰白的腦袋就開始謝頂，以至變得光禿禿的了。他懷疑兩個女人耍他，便對二位說：「美女們，我要十分地感謝你們，你們讓我的腦袋禿成這樣，權衡利弊，我現在才明白，我想要的人總是用她的而不是我的生活方式來規範我。頭現在是禿了，你們給我的教誨我將終生受用。」

生活中，常有女人會發出這樣的感嘆：結婚前的那個他是如何如何的好，結婚後卻他就像變了個人似的，讓自己再也找不到當初的那種感覺……

其實，對方未必是真的變了。相愛容易相處難——這幾乎是盡人皆知的名言了。難在何處？難在兩人相處過程中那些瑣碎小事的摩擦與衝突中，而女人總是想方設法要去改變男人。於是，危機就爆發了。針對這一點，著名影星章子怡曾說過這麼一句話「縱使再愛一個人，也千萬別指望去改變他」。這句話無疑道出了愛情的真諦——愛一個人，不是讓他去適應自己，而是去讓自己適應他。

杯子的愛情

杯子：「我寂寞，我需要水，給我點水吧！」
主人：「好吧！擁有了想要的水，你就不寂寞了嗎？」
杯子：「應該是吧！」
主人把開水倒進了杯子裡。
水很熱，杯子感到自己快被融化了。杯子想：「這就是愛情的力量吧！」
水變溫了，杯子感覺很舒服。杯子想：「這就是生活的感覺吧！」
水變涼了，杯子害怕了，怕什麼都不知道。杯子想：「這就是失去的滋味吧！」
水涼透了，杯子絕望了。杯子想：「這就是緣分的『傑作』吧！」
杯子大聲喊：「主人！快把水倒出去，我不需要了！」
可是。主人卻不在。杯子感覺到自己快壓抑死了。可惡的水，涼涼的，放在心裡，感覺好難過。
杯子奮力一晃，水終於走出了杯子心裡。杯子好開心，想不到，一下子掉在了地上。

杯子碎了。臨死前，它看見了，它心裡的每一個地方都有水的痕跡。它這才知道，它是如此的愛著水，但再也無法把水完整的放在心裡了。

杯子哭了，它的眼淚和水溶在一起，奢望著能用最後的力量再去愛水一次。

主人撿著杯子的碎片，一片割破了他的手指。指尖有血。

杯子在恍惚中想：「愛情呀！到底是什麼，難道只有經歷了痛苦才知道珍惜嗎？」

有情人終成眷屬，固然值得賀喜。但若不懂珍惜彼此，在美夢成真之後，往往變成噩夢的開始。

愛過了才知道後悔，失去了才懂得珍惜，受傷了才明白自己愛的是誰？你錯過了一時，也許你就錯過了一生！珍惜眼前的幸福，要知道百年修得同船渡，千年才修得共枕眠。好好珍惜摸得著的伴侶吧！千萬別等錯過了再悲悲切切、淒淒慘慘地呼喚「回來吧！我的愛！」那時，一般來說都晚了。

人生是一張單程票，愛情找不到後悔藥。

你是我的玫瑰

小王子有一個小小的星球，星球上忽然綻放了一朵嬌豔的玫瑰花。以前，這個星球上只有一些無名的小花，小王子從來沒有見過這麼美麗的花，他愛上了這朵玫瑰，細心地呵護她。

這段日子，他以為，這是世間唯一的花，只有他的星球才有，其他的地方都不存在。然而，等他來到地球上，發現僅僅一個花園裡就有至少五千朵完全一樣的同種花。這時，他才知道擁有的只是一朵普通的花。一開始，這個發現讓小王子非常傷心。但最後，小王子明白，儘管世界上有無數朵玫瑰花，但他的星球上那朵，仍然是獨一無二的。因為那朵玫瑰花，他澆過水，除過草，還除過她身上的毛蟲，傾聽過她的哀怨和自詡，體察過她的沉默……一句話，他馴服了她，她也馴服了他，她是他獨一無二的玫瑰。

一代才女張愛玲曾這樣描繪愛情「於千萬人之中遇見你所遇見的，於千萬年之中，在時間無涯的荒野裡，沒有早一步也沒有晚一步，恰巧遇見了。」這是什麼？這便是緣分！他不一定是最美的，但一定是最適合你的那一個。如果你要問為什麼，因為他不早也不晚，在正確的時間和正確的地點正好讓你遇上了——愛就是這麼簡單。

愛的距離

一對愛得死去活來的刺蝟緊緊擁抱在一起，儘管他們身上的刺將彼此刺得鮮血直流，但仍不能分開他們。

最後，兩隻刺蝟流盡了最後一滴血。神看到這個場景，大受感動，便對刺蝟的靈魂說：「說吧！你們來世想做什麼？我願意滿足你們的願望。」

兩隻刺蝟異口同聲：「如果還有來世，我們一定要做人，並永遠在一起！」

來生，刺蝟果然轉世成了人，他們真的永遠在一起了，同床共枕，形影不離，每時每刻都如膠似漆地沾在一起。但他們卻很想分開。知道為什麼嗎？他們變成了連體人。

沒有人會喜歡被束縛的愛情，這樣的愛情不僅沒有甜蜜，而且弄不好還可能更煎熬。試想一下，當伴侶對你的生活產生了嚴重的不利影響，或者你的生活受到了極大的困擾和限制，這樣的愛情還會有快樂可言嗎？上了枷鎖的愛情也給快樂與幸福上了枷鎖，沒有了快樂，只剩下煩惱。受這樣的愛情煎熬，還不如沒有愛情，至少有自由帶來的快樂。愛情也需要自由，需要空間，給你所愛的人一定的自由，讓他感受到你的關懷與細心，不要讓他覺得你們在一起有種壓力，有種負擔。

愛情如同運動，也需要一張一弛。被愛情包圍的人，往往最難掌握張弛之間的分寸。很多相愛的人，最終不得不分開，就是因為迷失在一種或者太過緊張、或者太過鬆弛的氛圍裡。

愛情如此簡單

喜鵲男孩和喜鵲女孩結婚了。大家都說他們郎才女貌，是難得的絕配。但沒過多久，卻傳說出了他們已離婚的消息。開始大家都不相信，那麼般配的一對，怎麼會離婚呢？不可能吧！後來證實，這消息是真實的。有人親眼看見，牠們從動物法庭出來，神色黯然，手裡象徵自由的綠色離婚證，以後再也沒有在一起生活。

幾天後，八哥小姐遇到喜鵲女孩，關心地問：「聽說你們分手了，這是真的嗎？」

喜鵲女孩低著頭說：「是真的。」

八哥小姐惋惜地說：「這麼般配的一對，怎麼說分手就分手了呢？」

喜鵲女孩噘著嘴說：「他呀！太讓人失望了。每天早上，別人還在睡覺，他就起來『喳喳喳』地大聲唱歌，也不管別人煩不煩；站在樹枝上，他那尾巴老是一翹一翹的，一副輕佻的樣子；身上癢了，他沒說去洗個澡，卻在灰窩裡亂踢騰，搞得滿身都是灰；

更讓人受不了的是，居然有那麼多喜鵲小妞圍著他轉，眉來眼去，嘰嘰喳喳……」

過了一段時間，喜鵲男孩再婚了，新娘子是一隻小喜鵲。在同伴的眼裡，這樁婚姻好像並不那麼般配，但是，牠們卻生活得甜甜蜜蜜，美美滿滿。

一次，八哥小姐遇到小喜鵲，羨慕地說：「你們很幸福啊！」

小喜鵲樂呵呵地說：「是呀！太幸福了！」

八哥小姐問：「有什麼祕訣嗎？請告訴我。」

小喜鵲嘻嘻一笑說：「這還用問嗎？我的丈夫太棒啦！每天早晨，別人還在睡覺，他已經起來『喳喳喳』地唱歌了，多勤奮啊！站在樹枝上，他那尾巴總是一翹一翹的，多瀟灑啊！身上癢了，也不讓我燒熱水，就在鳥窩磨一磨身體，多儉樸啊！你再瞧瞧，每天有那麼多喜鵲小妞們圍著他轉，爭著向他暗送秋波，多有魅力啊！」

八哥小姐疑惑地問：「難道妳不吃醋嗎？」

「喳喳，」小喜鵲滿臉幸福地說，「為什麼要吃醋？難道我會去愛一隻哪個小妞都瞧不起的蠢喜鵲嗎？」

八哥小姐沉思了一下子，喃喃地說：「幸福原來這麼簡單！」

是啊！幸福的愛情其實很簡單。一張白紙上畫了一個黑點，我們的眼光就只看到一點點的黑，卻看不到整個的鮮豔。什麼事情都要好和壞的兩面，就看你專注的是哪一點。

一代詩人顧城有一首詩說的好「黑夜給了我黑色的眼睛，我卻用它來尋找光明。」看到了光明，你就看到了愛情美好的一面。遺憾的是，顧城顯然只是寫寫而已，並沒有真正做到。他在紐西蘭激流島的血色衝動，葬送了他的伴侶以及自己的一生。

最愛你的人

那個時候，女孩和男孩正處在戀愛的季節。每次打電話，兩個人總要纏綿許久。末了，總是女孩說完「再見」並先掛斷，男孩才慢慢地掛上電話。

可是「牛郎織女」式的愛情，在節奏極快的都市裡越來越容易變質。女孩和男孩分手了。女孩很快就有了新男友，新男友帥氣、豪爽，女孩感到很滿足，也很得意。後來，她漸漸感到，他們之間好像缺乏什麼，這份不安一直讓她有種淡淡的失落感。

是什麼呢？她不明白。只是兩人通話結束時，女孩總感覺自己的「再見」才說了一半，那邊「叭」的一聲掛斷。每當那時，她總感到刺耳的聲音在空氣中凝結成冰，劃過自己的耳膜。她感受到新男友彷彿像一隻斷線的風箏，自己那無力的手總是牽不穩那根無望的線。

終於有一天，女孩和他大吵了一架。男友很不耐煩的轉身走了。女孩沒有哭，似有一種解脫的感覺。

一天，女孩又想起最初的男孩，心中湧起了感動：那位聽完她「再見」的傻男孩。這種感動讓她慢慢拿起電話。

男孩的聲音依舊質樸，波瀾不驚。女孩竟無語凝噎，慌忙中說了「再見」……

這回女孩沒有掛斷，一股莫名的情緒讓她靜靜聆聽電話那端的沉寂。

不知過了多久，男孩的聲音傳了過來，「妳為什麼不掛電話？」

女孩的嗓音澀澀的，「為什麼要我先掛呢？」

「習慣了。」男孩平靜的說：「我喜歡妳先掛電話，這樣我才放心。」

「可是後掛斷的人總是感到遺憾和失落的。」女孩的聲音有些顫抖。

「所以我寧願把這份失落留給自己，只要妳開心就好。」

女孩終於抑制不住哭了，滾燙的淚水浸溼了腦海中有關愛的記憶。她終於明白，沒有耐心聽完她最後一句話的人，不是她一生的守望者。原來愛情有時候就這麼簡單，一個守候，便能說明一切。

讓對方先掛斷電話，看似簡單的一件事情，心中卻深藏著牽掛。聽著耳邊掛斷電話後嘟嘟的響聲，剛才還餘音繞梁的親切呢喃。這樣的反差是何其的大！愛其實真的很簡單，簡單的痛，簡單的愛。把悲傷和守候留給自己，痛但快樂著。

女作家張曉風寫過一篇溫婉動人的「愛情觀」，她說：

愛一個人原來就只是在冰箱裡為他留一顆蘋果，並且等他歸來；

愛一個人就是在寒冷的夜裡不斷地在他的杯子裡斟上煮沸的熱水；

愛一個人就是喜歡兩人一起收盡桌上的殘餚，並且聽他在水槽裡刷碗的音樂——然後再偷偷把他沒洗乾淨的地方重洗一遍……

——這就是愛的全部。

馴服獅子的女人

一位婦女因為丈夫不再愛她而煩惱。於是，她乞求神幫助她，教她吸引丈夫的方法。神思索了一陣子對她說：「我也許能幫妳，但是在教會妳方法前，妳必須從活獅子身上摘下三根毛給我。」

恰好有一頭獅子常常來村裡遊蕩，但是牠那麼凶猛，一吼叫起來人都嚇破了膽，一個女人怎麼敢接近牠呢？但是為了挽回丈夫的心，她還是想到了辦法。

第二天她早早起床，牽了隻小羊去那頭獅子常出現的地方，放下小羊她便回家了。以後每天早晨她都牽一隻小羊給獅子。不久，這頭獅子便認識了她，因為她總是在同一時間、同一地點放一隻溫順的小羊討牠喜歡。她確實是一個溫柔、殷勤的女人。

不久，獅子一見到她便開始向她搖尾巴打招呼，並走近她，讓她敲牠的頭，摸牠的背。

每天女人都會站在那裡，輕輕地拍拍牠的頭。

女人知道獅子已完全信任她了。於是，有一天，她細心地從獅子鬃上拔了三根毛。她激動地拿給神看，神驚奇地問：「妳用什麼絕招弄到的？」

女人講了經過，神笑了起來，說道：「以妳馴服獅子的方法去馴服你的丈夫吧！」

你善待獅子，獅子會順服；你善待周圍的一切，周圍的一切都會聽從你的安排。這樣，還煩惱不能挽救丈夫的心？連馴服獅子都可以做到，世間還有什麼做不到的。

金絲雀和貓

金翅雀對主人說：「主人，為什麼你要把我鎖在籠子裡？為什麼不讓我在花園裡飛翔，不讓我在枝頭歡跳？你要知道，對於歌聲嘹亮的歌手來說，鐵籠子雖然舒適卻過於狹小了！」

「一旦把你放出去，你就會只剩下兩隻爪子和一堆羽毛！你要知道，鎖住你正是為了保護你，不受貓的騷擾！」主人說。

金翅雀說：「既然你這麼愛護我，就放我出去，把貓鎖在籠子裡，豈不是更好！」

如果真心愛一個人，那就應該給他應得的自由和尊重。

他愛你，但並不代表著他從此成為了你的私藏品。

你愛他，也並不代表你就可以代表他。

愛他，那就應給他幸福——來自那人本身的感受。

愛的匹配

野豬先生和狼先生同時愛上鹿小姐，鹿小姐很難選擇，於是便對他們說：「你們誰得到了這一屆森林動物的全能冠軍，那我就嫁給誰。」

野豬先生和狼先生為了愛拚命地訓練著。在森林動運會上，狼先生勝出，鹿小姐驚喜的跑上前去：「親愛的，你太讓我驚喜了，你是最棒的，我決定這一生都和你在一起。」

不料，狼先生卻一把推開了鹿小姐：「對不起，我成了冠軍，有了更配得上我的伴侶了。我覺得你還是和野豬先生更合適些。」

說完，牽著旁邊的虎小姐去散步了，只留下還在原地發呆的鹿小姐。

生活中，我們常希望那個「他」是最好的，或者總是想改造成自己心裡最好的。卻不曾想到，當愛的人變成最好的時候，常常會是你失去他的時候。愛情是需要雙方努力共同追求進步。試想：只有一邊輪子轉動的汽車，能在愛情的康莊大道上馳騁多遠？

愛的最高境界

有一天，女人問男人「你說，愛的最高境界是什麼？」男人想了想，說：「是生死與共吧！妳想想，一個人可以為另一個人去死，捨去生命中最重要的一切，還不是愛的最高境界嗎？」

女人點了點頭，又搖了搖頭。開始時她也是這麼認為的。因為許多的愛情最壯烈的時候總是會和生與死連繫在一起的。那些流傳千古的愛情無一不是生生死死，總之悲情者居多。可是，更多的俗人之間的愛情卻只有平常的愛與恨。只有平常的悲傷與快樂。

「那妳說是什麼？」男人問。女人笑了，「是習慣，當你習慣了一個人生活中的習慣，你就真的愛上他了。」

愛情是一個人對另一個人習慣的認同，愛到最高境界就是認同了他的習慣。

一個女人習慣了一個男人的鼾聲，從不適應到習慣再到沒有他的鼾聲就睡不著覺，這就是愛；一個男人習慣了一個女人的任性、撒嬌，甚至無理取鬧、無事生非，這就是愛；一個人會為了另一個人去改變、去遷就，這就是愛！

貓頭鷹和鷹聯姻

貓頭鷹派媒人去見鷹，請求牠把女兒嫁給小貓頭鷹做妻子。媒人傳話說：「鷹是白晝之王，貓頭鷹是夜晚的魁首，兩家門當戶對，正好可以做姻親。」經過一番勸說，鷹答應讓女兒出嫁。

到了舉行婚禮的日子，白天，當新郎的小貓頭鷹怕光，眼睛睜不開，什麼也看不見，讓客人們都笑話牠；到了晚上，作為新娘子的鷹怕黑，大睜著眼睛，卻什麼也看不清，又引起了來賓的陣陣哄笑。

結果，這一對新婚夫妻連洞房都沒有進就離散了。

一個能把愛情經營得很好的女人，常常是隨時可以回答「我是誰」這個問題的人。她能清楚自己在生命中的位置，知道自己要的是什麼，也知道自己能夠付出多少，是在戀愛中不盲目、也不麻木的基本要件。

若不知道自己是什麼人？也不知道自己要的是什麼？談起戀愛的時候，常以為多就是好。就像逛百貨公司，趁大打折，買了很多衣服，回家掛在衣櫥，一件一件地發現並不適合自己。這種人就算很樂意付出，也是盲目的給予，以為多給就是好，卻又苦苦埋怨得不到回報。若非基於對方真正的需要而付出，不但自己很快地疲累，對方也不會感謝。

什麼是真愛？等你不再問這個問題的時候，才會發現真愛。

完美的女孩

一位美麗的女孩想找一個這樣的丈夫：年輕漂亮，身體健康，溫文爾雅，既不冷漠，又不忌妒；還希望他財產多，有個好身世；再加上聰明機智……總之要十全十美。

許多顯貴的男子接踵而至，我們的美人覺得他們大半都太肥胖。

「我怎麼能嫁給這些人？他們臃腫的樣子太滑稽了，來呀！大家最好來把他們瞧一瞧！」

一個毫無風趣，另一個鼻子太難看，這個這裡有毛病，那個那裡有缺點，總之全不行。

四十年過去了，美麗的女孩變成了一個風燭殘年的老太婆，卻還在不停地尋找一個完美的男人。

有人問他：「老奶奶，這麼多年了，妳還沒有看上一個稱心如意的？」

老太婆說：「看上過一個。」

「那妳為啥不嫁給他？」

「唉，那年輕人要找一個完美的女人。」老太婆痛惜地說。

擇偶是人生一件至關重要的事情。找到一個滿意的他，共築一個溫馨的家，進可以放開手腳做一番事業，退可以回到家裡相夫教子。這樣說來，女人大半輩子的幸福，很大程度上取決於擇偶的眼光。從理論上說，擁有一個完美的他是擇偶的最好選擇。但世界上有完美的人嗎？沒有，就是你本身也絕不會完美。不完美的你，又何苦去追求或等待一個完美的人？

記得一個廣告中有一句令人記憶尤深的話：「只買對的，不買貴的。」借用人們這種理智的消費觀，我們的擇偶觀也應該是：「只找合適的，不找完美的。」

鴿子求婚

鷹十分憂傷地停在一棵樹的枝頭上。鴿子和她在一起，問她說：「我看妳這樣愁容滿面的樣子是為了什麼啊？」

鴿子·求婚

鷹回答說：「我想找一個合適的伴侶，但是找不到。」

鴿子回答她：「讓我作為妳的伴侶吧！我比妳有力氣多了。」

「你捉東西能保證養活大家嗎？」

「嗯，我用我的爪子常常能捉住鴕鳥並把他抓走。」

鷹被他的話說動心了，接受了鴿子做自己的伴侶。

婚後不久，鷹說：「飛去把你答應過給我的鴕鳥抓回來吧！」鴿子飛上天空，接著抓回來一隻小得不能再小的老鼠，而且因為在地裡死了太久都發臭了。

鷹質問說：「這就是你對我的諾言嗎？」

鴿子卻回答：「為了能向高貴的妳求婚，我沒有什麼事情不能答應，儘管我知道我不一定辦得到。」

花前月下，儘是情人們的山盟海誓。為了得到情人的心，人們絞盡腦汁。然而，山還是那座山，海還是那個海，多少許過諾的戀人卻早已決裂！

「我悔不該當初相信他的諾言，他是一個騙子……」一個叫若蘭的女子哭訴著說。誰能給她什麼安慰呢？畢竟，愛情本身沒有錯，在愛情的蠱惑下，任何不負責的海誓山盟都可以諒解。

這裡只能給熱戀當中的女人一點提醒：相信對方的理由不應該是對方的甜言蜜語，而是對方的為人。

命運之船

一個少婦投河自盡，被正在河中划船的老艄公救上了船。

艄公問：「妳年紀輕輕的，為何尋短見？」

少婦哭訴道：「我結婚兩年，丈夫就遺棄了我，接著孩子又不幸病死。你說，我活著還有什麼樂趣？」

艄公又問：「兩年前妳是怎麼過的？」

少婦說：「那時候我自由自在，無憂無慮。」

「那時妳有丈夫和孩子嗎？」

「沒有。」

「那麼，妳不過是被命運之船送回到了兩年前，現在妳又自由自在，無憂無慮了。」

少婦聽了艄公的話，心裡頓時敞亮了，便告別艄公，高高興興地跳上了岸。

曾經的愛是那麼刻骨銘心，因此當愛已成為往事，我們年輕的腳步又如何能夠做到從容而又決絕！但其實不妨細想：萬物都有生命，愛情亦難逃脫。所謂的海枯石爛，只是一個遙不可及的承諾，能讓這份感情保持到彼此生命的結束就不錯了。

流行歌曲唱道：「別管以後將如何結束，至少我們曾經相聚過。不必費心地彼此約束，更不需要言語的承諾。」做到這麼瀟灑固然不易，卻也實在不必悲悲戚戚或者咬牙切齒。

一位女性朋友，她被捲入了一場不倫之戀，遲遲不能走出這個其實對她來說已經是苦遠多於甜的沼澤。她說：「我忘不了他曾經給過我的那些浪漫、深刻的愛。」

另一個男朋友感情出軌多次，儘管痛苦卻始終不願分手的女性則說：「和他在一起這麼多年了，要分手，我不甘心！」

當愛遠走，無論它是發生在自己或者對方身上，放棄和放手都是唯一的出路。因為無法放棄曾經有過的美好感覺，無法放下曾經擁有的執著，就會讓更多不美好的感覺壓在自己的肩上、心上，讓自己和對方一起痛苦糾結，究竟能否懲罰對方也許還是未知數，但是自己絕對是被懲罰最深的一個，因為你剝奪了自己重新開始享受快樂和幸福的可能。

「春日遊，杏花吹滿頭。陌上誰家少年，足風流？妾擬將身嫁與，一生休。縱被無情棄，不能羞。」韋莊的這首詞一直讓人心動，每每讀起，一千多年前那個殉身無悔、敢作敢為的女人就鮮活可見。女人能夠這樣豪邁灑脫，就卸掉了脖子上的沉重枷鎖，活得瀟瀟灑灑，活得海闊天空。捨得放手讓已無愛的人走，並不是一件很難的事，只不過是周圍的輿論環境、財產的劃分等等可能拴住了你。但是，這卻是唯一的方法。否則，我們就會處在無解的痛苦、氣憤和沮喪之中。

古烈治效應

相傳古烈治是一位西方國家元首，一日他偕夫人科尼基參觀一家養雞舍，夫人問雞舍主人說：「公雞多長時間對母雞盡一次丈夫的職責？」答：「時時盡責，一天十多次。」夫人說：「請轉告總統。」總統聽罷問：「每次都在同一母雞上盡責嗎？」答：「次次更換伴侶。」總統說：「請把結論轉告夫人。」

這則寓言中的夫婦真是可愛極了！後來心理學把雄性的見異思遷傾向稱為「古烈治效應」。這一效應在任何哺乳動物身上都被實驗證明了。人為高等動物，不可避免地殘留著這一效應的痕跡。但人有良知、有道德，靠這些東西才使人最終脫離了動物界。

心理學還認為：同一強度的刺激重複呈現，其刺激強度就會呈遞減趨勢。由此推斷：第一次出現在男性面前的迷人女子，比起反覆出現在男性面前的女子更具有魅力。男性在心理上有喜新厭舊的傾向也不是什麼人格缺陷，而是有著深刻的生理的、心理的基礎。那麼女性的情愛策略，則該是當你發現某個你也有好感的男士傳來愛的訊息時，不要急於回報，不讓他輕易實現其願望，在男性看來最明智最具魅力的女人是讓他既感覺得到卻又得不到的女人。

戀愛終究要從相識到結婚，婚後女性神祕的面紗終究要被揭開，當一切反覆呈現後，男人仍可能見異思遷怎麼辦？

有幾條至關重要，一是努力保持自己的高尚品德和人格的獨立。就是說外在的軀體雖不再神祕了，但人的心靈美卻像涓涓細流源遠流長。一般男子婚後更注意妻子的內在特質，如她的文雅、羞澀、含蓄、溫柔、體貼、通情達理、忍讓、勤儉、女人味等，如果認為結了婚就萬事大吉，就可以一切都本能化，那她一定很快就失去做女人的魅力，讓人反感。另外，要保持自己的空間和時間。終日廝守的夫妻有時也需要一些距離感和危機感，「距離感」導致「久別勝新婚」；「危機感」也會導致「越怕失去越會更加小心和珍惜。」

不解風情的紳士

在一輛長途列車的軟臥包廂裡，只有一個英國紳士與一個法國女人。旅途單調而又沉悶，漂亮嫵媚的法國女人想引誘上鋪那個英俊的英國紳士，於是便脫下外衣躺下後就抱怨身上發冷。

紳士把自己的被子給了她，她還是不停地說冷。

「我要如何才能幫助妳呢？」紳士沮喪地問道。

「在我小的時候，媽媽總是用自己的身體給我取暖。」美女說完，美目流轉，勾人心魄。

「小姐，這我就愛莫能助了。我總不能跳下火車去找妳的媽媽過來吧？」

這個英國男子是多麼地不解風情啊！可想而知，做這種男人的戀人或妻子，一定享受不到什麼浪漫的感覺。但這種不解風情在這個時候又是多麼地可愛！

理想的男人，當然是懂得些浪漫與風情好些。一個不解風情的木頭男人常常是得不到女孩的垂青的。因此，我們經常看到那些到處拈花惹草的風情男人，反而更受到女孩子們的喜歡。因為，他們懂風情。

懂風情的男人，要是他的風情只為你而「解」，那就完美了——但這樣的男人真的如不偷腥的貓一樣少見。而不解風情的男人雖有瑕疵，但他卻不易將風情「解」下送給別人。

世間萬物，有一得必有一失。明白了這些，我們在婚戀過程中，也就不會那麼苛刻刁鑽、求全責備了。

雌貓愛上人

一隻雌貓愛上一位英俊的年輕人，就向女神亞福羅迪特祈禱，請求把自己變成人的樣子。女神被牠的真情感動，就把牠變成美麗的少女。年輕人看到這位少女，一見鍾情，兩人彼此愛慕，就結婚了。有一天，亞福羅迪特想試探貓在變成人形後性格有沒有改變，就在貓少女的房間裡放進一隻老鼠。這時，貓少女忘記自己已經是人，就從床上跳下來，一把就捉住那隻老鼠放進嘴裡吃掉。

女神看了長嘆一聲，狠心地將少女變回了貓的模樣。

一個人的本性，是很難改變的。但總是有很多人不相信這一點，勇敢地以身試法（法則）。最常見的是男女之間的婚姻。我們經常能見到年輕的女孩宣稱「我能改變他」，之後義無返顧地與一個浪子走向紅地毯。

是啊！都說愛情的力量很偉大，能「直叫人生死相許」，又有什麼不能改變他的呢？

改變也許有可能，但真的很難。江山易改，本性難移。就像上面這則寓言中的貓一樣，一不小心對方就會故態萌發。

對此，偉大的福音傳播者德懷特．萊曼．穆迪（Dwight Lyman Moody）曾這樣寫道：「一個女人希望透過婚姻來很好的改造一個男人，這個最自欺欺人的希望通常都是幻想，它毀壞了成千上萬的年輕女孩的美好生活。一個年輕女孩希望能夠挽救一個無賴，而堅持要嫁給他，在每個社區都有幾百個這樣的例子。這種基礎不牢固的家庭最終會解體，並毀壞了一些無辜女孩的生活。我不明白為什麼，人們都會這麼盲目。在所見到的幾百個這樣的結合中，沒有一個是產生了預期結果的，他們的結局除了悲傷就是災難。年輕的女孩子們，千萬不要認為你能夠完成慈愛的母親和情投意合的姐妹都不能做到的事情。」

在我們的生活當中，類似的悲劇經常上演。而沉醉在愛河裡的女孩們卻孰視無睹，總是過分地相信自己，過分地相信愛情。

不要天真地以為等結了婚一切就會好轉。如果你是非他莫嫁，你唯一的辦法是：修正自己的過高的期望，想辦法改變自己，以包容對方身上你所不能接受的缺點。不是說：「愛一個人，就要愛他的全部，包括他的缺點」嗎？

愛上他的缺點，也許不現實。那麼，就包容他吧！你只有做好了這個思想準備，才能在今後的婚姻生活中不至於那麼地失望與失落。

總之，愛情是感性的，婚姻卻應該理性一些。愛情只需風花雪月，婚姻更多的是柴米油鹽。

愛情像油燈

一位少女跪在花園裡，虔誠地向上帝禱告，祈求上帝能降臨在她的面前。

上帝終於出現了。

「孩子，妳找我有什麼事嗎？」上帝慈祥地問少女。

「哦，仁慈的上帝，請您幫幫我。」少女說著，就留下了眼淚。

「我愛他，可是，我馬上就要失去他了。」

「孩子，到底是怎麼回事？妳能慢慢說嗎？」

「我與他深深地相愛著。每天早晨，他都要透過電子郵件給我的信箱裡發一束玫瑰；每天晚上，他都要透過電話，給我獻上一首令我心動的情歌。」

「這不是很好嗎？」上帝說。

「可是最近一個月來，他機會沒有為我送過一束鮮花，唱過一首情歌。」

「那麼，妳對他的愛有回應嗎？」上帝問到。

「沒有。雖然我在心裡深深地愛著他，但是我從來沒有表露過我對他的愛。因為我覺得女孩子還是矜持一點比較好。」少女說。

上帝聽完少女的訴說後，一言不發地把她領到了一間小屋裡，並從小屋的櫃子裡拿出了一盞油燈，添了一點燈油，點燃了它。

「請問，您點油燈做什麼？」少女不解地問。

「別說話，讓我們看著它燃燒吧！」上帝示意少女安靜下來。

燈芯嘶嘶地燃燒著，冒出的火苗歡快而明亮，一下子就把整個小屋照得亮堂堂的。

然而，慢慢地，燈芯上的火焰越來越小了，燈亮也越來越暗了。

「該添油了，不然就滅了。」小女孩有點著急，提醒著上帝。

愛情像油燈

可是上帝仍示意少女不要動，任憑燈芯把等腰燒乾。最好，連燈芯也燒焦了，火焰終於熄滅了，只留下一縷青煙在小屋中繚繞。

少女迷惑不解地看著上帝。

「孩子，愛情也就像這盞油燈。當燈芯燒焦後，火焰自然就會熄滅了。妳應該知道，現在怎麼去做了吧？」上帝語重心長地說。

愛是相互的給予，而不是一味地索取。愛情就像一盞油燈，只有不斷地往裡面添油，燈光才會一隻善良。如果不及時添加，再亮的火焰也會熄滅。

如果你感覺你的愛情之燈越來越孱弱、昏暗，請自問：我是否殷勤地添油了？

第三章　顧家女人的持家妙法

愛情終於修成正果，月下卿卿我我的纏綿逐漸變成了柴米油鹽的瑣碎。婚姻的大門一旦開啟，新人們在品嚐甜蜜愛情的同時，不得不面對生活中的一連串的現實問題……無論是「千斤」小姐還是「萬斤」女孩，扯下紅蓋頭，就發生了質的變化。女人的誕生，漫漫的人生路才算開始。

女人來到一個新的家庭，她的角色一下子多了好多，是丈夫的妻子，是公婆的兒媳，是孩子的母親。如此之多的角色，該如何扮演？如此錯綜複雜的關係，該如何梳理？

在一起的幸福

一位少婦回家向母親傾訴，說婚姻非常糟糕，丈夫既沒有多少錢，又沒有好的職業，生活總是充滿著周而復始的單調。

母親聽完，笑著問她：「你們在一起的時間多嗎？」

「太多了。」女兒說。

母親說：「想當年，妳的父親上戰場，我每天的願望就是盼著他早點回來，與他整日廝守，盼啊盼，結果盼來的是他的死亡通知單。我真羨慕你們，可以有這麼長的時間在一起。」

母親那銘刻著歲月滄桑的臉上滴下了往昔記憶的淚水，女兒也從中彷彿看見了什麼。

當最初的熱情消退以後，剩下的就是周而復始的平淡。冷靜下來的心突然發現，你愛的那個他，既沒有這個，又沒有那個；既有這個缺點，又有那個毛病。總之一句話：怎麼看都不順眼。

但仔細想一想，當初對愛的追求是什麼？能一生一世在一起！既然現在都在一起了，最大的願望都已經實現了，那還計較什麼呢？

幸福如花

狐狸太太剛結婚不久，可是她過的並不快樂。一天牠把月下老人請到家裡來，向他訴說著心中的痛苦：「我覺得婚姻就像愛情的墳墓，結婚前他對我百依百順，現在卻對我不理不睬，他看我就像是看著一個陌生人。我覺得我走進了一個愛情的圍城。」

「為什麼這麼說呢？」月下老人非常驚訝。

「因為我覺得我的丈夫現在不愛我了。」

「妳怎麼會有這樣的念頭呢？」

「他一下班，回家不是看電視就是看報紙，一點家事也不做，一點也不關心我。」

狐狸太太說著傷心地哭了起來。

「那妳平時為他做過什麼嗎？」月下老人問到。

「恩……沒有。我平日裡只喜歡養花，連夫妻生活我也不太感興趣。」

「這樣啊！我明白了。」月下老人又問了一句：「尊貴的太太，能不能告訴我，您院子裡的玫瑰我什麼開得如此嬌豔？您是如何照料它們的？」

「它們之所以開得如此美麗，是因為我對玫瑰投入了所有的精力和時間，除了平時的澆水外，我還給他們裁枝、換盆。天氣晴朗時，我把它們搬到太陽下沐浴陽光；颳風下雨時，我又把它們搬到房子裡，細心照料。所以，它們才會開得如此燦爛，甚至比在公園裡的都鮮豔，這都是我辛勤付出的結果啊！」

「既然妳明白這個道理，那麼妳為妳的婚姻付出了什麼呢？」月下老人無比鄭重地說。

狐狸太太從這句話裡彷彿明白了什麼。從此以後，她像滋養玫瑰那樣去滋養他們的婚姻。牠主動幫狐狸先生整理文件、擦皮鞋、問寒問暖……

狐狸先生也彷彿變了一個人似的，下班以後準時回家，幫妻子打掃衛生、端茶做飯……

現在，他們有滋有味地享受著甜蜜的幸福生活。

幸福的家庭不是一個人的付出就能撐起來的。看到對方不足的時候，同時也想一想自己是不是也有哪裡做的不對。我們那挑剔的眼神，總是能發現對方的一點點不足，卻看不到自己身上的錯誤。

幸福的家就像一朵嬌嫩的玫瑰花，你只有投入了大量的時間和精力來經營和管理，它才會越開越美麗。

用心去聆聽

在公元三百年，某國的國君把王子送到古樸大師處，希望大師收為門下，並教導王子成為一位傑出的國王。當王子抵達古樸大師的寺廟，大師就將他獨自的送到大森林中，並要求王子在一年後回到寺廟時，要描述出森林的聲音。

冬去春來，王子回到寺廟，滔滔不絕的對大師講述他再森林中聽到的一切聲音：「大師，我聽到了杜鵑美麗的聲音，樹葉沙沙的作響，風鳥嗡嗡地啼鳴，蟋蟀唧唧地鳴叫……」聽完王子的話語，大師再讓他回到森林中繼續傾聽。對此王子頗為困惑，難道

自己還沒完全辨識所有的聲音嗎？

時間一天一天的過去，王子孤獨的端坐在森林裡，豎著雙耳盡力的傾聽。然而令他失望的是，除了已聽到的聲音外，別無其他的聲音。有天清晨，正當在樹下默默的坐著，心神安靜下來之後，他突然開始感覺到從來沒有聽到過的模糊聲音，愈是聚精會神去聽，這些聲音愈來愈清楚，他立刻茅塞頓開。

回到寺廟，王子恭敬的向大師描述他的收穫：「當我集中全力地傾聽時，我聽到了前所未有聽到過的聲音，鮮花在緩緩開放著，大地在陽光下甦醒，小草在吸吮著露珠……」大師頻頻點頭讚賞的說：「傾聽聽不到的聲音，是成為傑出君王的基本素養，你可以開始學習如何領導你的國家了。」治國如此，治家又何嘗不是？

當孩子調皮的時候，您是否聽到了孩子希望得到關注的心願？

當伴侶出門時和你擁抱時，你是否聽到伴侶對你愛的心聲？

當父母在耳邊不停地叨叨不休時，你是否聽到父母那關愛的心情？

學會聆聽，治國都如此簡單；能學會聆聽，家又何嘗不讓人感到溫暖？

耳塞中的幸福

戀愛四年後結婚，婚禮當天早上，露絲在樓上做最後的準備，母親走上樓來，把一樣東西慎重地放到露絲手裡，然後看著露絲，用從未有過的認真對露絲說：

「我現在要給妳一個你今後一定用得著的忠告，這就是你必須記住，每一段美好的婚姻裡，都有些話語值得充耳不聞。」母親在露絲的手心放下的是一對軟膠質耳塞。

正沉浸在一片美好祝福聲中的露絲十分困惑，更不明白在這個時候，母親塞一對耳塞到她手裡究竟是什麼意思。但沒過多久，她與丈夫第一次發生爭執時便一下明白了老人的苦心。

「她的用意很簡單，她是用她一生的經歷與經驗告訴我，人在生氣或衝動的時候，難免會說出一些未經考慮的話；而此時，最佳的應對之道就是充耳不聞，權當沒有聽到，而不要同樣憤然回嘴反擊。」露絲心裡想。

但對露絲而言，這句話產生的影響絕非僅限於婚姻。作為妻子，在家裡她用這個方法化解丈夫尖銳的指責，修護自己的愛情生活。作為職業人，在公司她用這個方法淡化同事過激的抱怨，優化自己的工作環境。她告誡自己，憤怒、怨憎、忌妒與自虐都是無意義的，它只會掏空一個人的美麗，尤其是一個女人的美麗。每一個人都有可能在某個時候會說一些傷人或未經考慮的話，此時，最佳的應對之道就是暫時關閉自己的耳朵——「你說什麼？我聽不到哦……」露絲憑這一句話，在愛情與事業中獲得了雙豐收。

如果把婚姻生活中的愛情比作一筆存款，那麼相互欣賞是收入，相互摩擦是支出，而相互忍讓則是節約。在生活中，你不僅要「耳塞」，還要「目盲」。當然，「目盲」不是真盲，而是指「睜一隻眼閉一隻眼」。

「睜一隻眼，閉一隻眼」不是麻木地忍讓，而是在愛情最脆弱的時候知道「退一步海闊天空」的睿智；也不是不負責任的破罐子破摔，它實在是彼此諒解和寬容的更高層次的愛。身邊有太多打了一輩子、鬥了一輩子可仍然還得待在一個屋簷下的男男女女，在兩個人的世界裡，誰贏得了誰，都是個輸。與其糾纏不清，不如難得糊塗，你快樂所以我快樂。

快樂如此簡單

很久很久以前，一個村子裡住著一位聰明人。一天，有一個滿臉愁雲的女人來到聰明人家中，向聰明人哭訴道：「我家的茅屋本來就小，丈夫，孩子和我四個人住，可現在公公婆婆又搬來和我們住在一起，日子過得太不順心了，六個人擠在一間那麼小的茅屋裡，偪促難過呀！」

聰明人聽完想了想，問道：「妳家養牛了嗎？」

女人答道：「有呀！可這和屋子有什麼關係？」

聰明人說道：「這樣，你把一隻牛拉到小茅屋中養，一星期後來找我。」

一星期後，女人來找聰明人，一進門便抱怨：「這算什麼嘛，本來就擠，你還讓我牽頭牛進去餵，牛一動我們全家都要跟著動，更沒有辦法生活了。」

聰明人笑了笑，又問道：「妳家還養雞了嗎？」

女人說：「養了，這和我的處境有關嗎？」

聰明人說：「妳回家後把雞也趕到小茅屋中養，同樣一週後來找我。」

女人聽完更加納悶了。然而她認為聰明人畢竟是聰明人，比自己要強得多，便也就答應了。

一星期後，她又來了，還沒進門便大喊大叫起來：「你還是聰明人呢，搞得我家雞飛牛跳的，到處是雞毛牛糞，還讓我們怎麼過日子？」

聰明人一言不發，等她罵完了，平靜地說了一句：「回去把牛牽出屋子，一星期後來找我。」

女人聽完覺得這聰明人真的沒什麼聰明的地方，但她還是聽了聰明人的話。一星期後，她又來找聰明人，他問她：「這星期的感覺怎樣？」她回答道：「比以前好多了，自從把牛走以後，覺得家裡寬敞多了。」

聰明人笑著說道：「關於妳的困境，解決的辦法我已經想好了，妳回去後把家裡的雞全部趕走。」

女人回去後便照聰明人的話做了。後來，她就快快樂樂地和她的孩子、丈夫、公公、婆婆生活在一起了。

由儉入奢易，由奢入儉難啊！一個人的生活水準提高一步不難，難的是遇到困難、挫折或障礙時後退一步。其實生活水準後退一點，比起更早的時候還是好的，但是人們卻很難適應這種後退。於是就出現了錢是賺的越多越覺得不夠花的怪圈。

其實深究一下，當我們來到這個世界上的時候，我們是赤條條的來，現在有了這麼多東西，為何還要不滿足？

被遺忘的墳墓

母獅病故，獅王看著母獅的屍體心如刀絞，好幾天不吃不喝。牠的臣民們對牠說：「獅王，獅后既然去了，您就讓她入土為安吧！」獅王一聽，覺得也對，精心為母獅建了一座華麗的墳墓，並為母獅舉行了一個隆重的葬禮。

從那以後，獅王沒事總要到母獅的墳墓旁走走。有一天，牠發現母獅的墳墓孤零零的，一點都不好看，於是牠就在母獅的墳墓旁種下了許多鮮花。沒過多久，獅王又覺得母獅的墳墓旁還是差了點什麼，牠想了想，又種了不少樹木。

多年過去了，樹木長得鬱鬱蔥蔥，花開得嬌豔欲滴，獅王深深地陶醉在這種美景裡。驀然，牠心裡又覺得此景裡有一種遺憾，發現母獅的墳墓破壞了眼前的完美。於是下令讓獅子們把母獅的墳墓挪出了這個美麗的地方。

這樣一來，獅王總算感到完美了。可是牠卻忘了當初美化這個地方的初衷了。

其實人們也常常犯這樣的錯誤。我們組建家庭，是為了能與心愛的人在一起；在外打拚，是為了讓心愛的人過上更加幸福的生活。但許多人在家庭的硬體越來越高級時，感情卻越來越淡，最終分道揚鑣。原來聰明的人，也難免會犯像獅王一樣捨本逐末的錯誤啊！

痛心的誤會

在美國的阿拉斯加，有一對年輕人結婚了，婚後不久，他的太太因難產而死，留下一個孩子。年輕人忙於生活，又忙於看家，因沒有人幫忙看孩子，就訓練一隻狗，那狗聰明聽話，能照顧小孩，還能咬著奶瓶餵奶給孩子喝，撫養孩子。

有一天，主人出遠門去了，叫狗照顧孩子。他到了別的鄉村，因遇大雪，當日不能回來，第二天才趕回家。狗立即聞聲出來迎接主人。他把房門打開一看，到處是血，抬頭一望，床上也是血，孩子不見了，狗卻在身邊，滿口都是血。主人看見這種情形，以為狗獸性發作，把孩子吃掉了，大怒之下，拿起刀向著狗頭一劈，把狗殺死了。

殺死狗之後，主人忽然聽到孩子的聲音。順著哭聲找去，終於在床下找到了孩子。抱起孩子，發現孩子身上有血，但並未受傷。他很奇怪，不知究竟是怎麼一回事，再細看躺在血泊中的狗，腿上的肉沒有了，而床下有一隻斷了氣的狼，嘴裡還銜著狗的腿肉。狗救了小主人，卻被主人誤殺了，這真是天下最令人痛心的誤會。

衝動百分之九十九源於誤會。而誤會，往往是在人們不了解情況，缺乏理智，缺少耐心，不假思考，未能多方體諒對方、反省自己，感情極為衝動的情況下發生的。誤會一開始，人們常常習慣指責對方千錯萬錯，這樣誤會就越陷越深，最後弄到不可收拾的地步。人對無知的動物小狗發生誤會，尚會有如此可怕嚴重的後果，而人與人之間的誤會，其後果則更是不可想像的。

一個屠夫經常誤會他人，遭人嫌棄，於是他請求神賜給他一雙看清真相的慧眼。

神告訴屠夫說：「你如果遇到疑難的事情，且不要急於處理，隨便行動，可先前行七步，然後再退後七步。這樣，進退三次，那慧眼便來了。」這個人聽了將信將疑。

夜裡屠夫回到家裡，朦朧中看到妻子和別人同睡在一張床上。他懷疑妻子對自己不忠，一時氣憤，他便拔出刀來準備行凶，忽然一轉念：「且慢，白天學來的慧眼為什麼不試試看呢？」

於是前進七步，後退七步，這樣進退了三次，然後挑亮燈光看時，妻子身旁的老母親醒了，翻身坐起。屠夫這才看得明白，便低頭嘆息道：「這真是可貴的慧眼啊！」

女人在年輕有些心浮氣躁可以理解，但人總是要努力成長、成熟。因此，現在開始，應該學會凡事慎思而後定，這是做人做事的至大智慧。

最好的聖誕禮物

這一年的聖誕節，保羅的哥哥送給他一輛新車。聖誕節的前一天，保羅從辦公室裡走出來，看到一名男孩在他車旁走來走去，滿臉羨慕的神情。保羅饒有興趣地看著男孩，從他的衣著看，他顯然不屬於自己這個階層，就在這時，男孩抬起頭，問道：「先生，這是你的車嗎？」

「是的，」保羅說，「這是我哥哥送給我的。」

小男孩睜大眼睛：「你是說，這是你哥哥給你的而你不用花一分錢？」

保羅點點頭。小男孩說：「哇！我希望……」

保羅認為他知道男孩希望的是什麼，有一個這樣的哥哥。但小男孩說出的卻是：

「我希望我能當這樣的哥哥。」

保羅深受感動，然後問他：「要不要坐我的新車去兜風？」

小男孩驚喜萬分。逛了一下子，男孩說：「先生，能不能麻煩你把車開到我家前面？」

保羅微微一笑，他理解男孩的想法：坐一輛大而漂亮的車子回家，在小朋友面前是很神氣的事。但他又想錯了。

「麻煩你停在兩個臺階那裡，等我一下好嗎？」

小男孩跳下車子，跑上臺階，進入屋內，不久他出來了，並帶著一個顯然是他弟弟的男孩，因患小兒麻痺症而跛著一隻腳。他把弟弟安置在下邊的臺階上，緊靠著坐下，然後指著保羅的車子說：

「看見了嗎？就像我在樓上跟你講的一樣，很漂亮，對不對？這是他哥哥送給他的，將來有一天，我也要送你一部這樣的車子，這樣你就可以看到我一直跟你講的櫥窗裡的那些好看的聖誕節禮物了。」

保羅的眼睛溼潤了，他走下車子，將小弟弟抱上了車，他的哥哥眼睛裡閃著喜悅的光，也爬上了車。於是三人開始了一次令人難忘的假日之旅。

這個聖誕節，保羅明白了一個道理：給予比接受真的令人更快樂。

「不是希望有這樣一個哥哥，而是希望能像這個哥哥一樣」。接受我們當然高興，

但是給予我們又何嘗不能快樂？

一般觀念認為，女人都有自私的小心眼，似乎總是為自己的蠅頭小利而算計。但實際上，女人是天生的奉獻著。一部女人的歷史，也就是女人為男人奉獻犧牲的歷史，確切地說，也是為家庭犧牲的歷史。

付出了很多的女人，你們快樂嗎？如果不快樂，請感悟一下上面這則寓言吧！

風雨中的菊花

午後的天灰濛濛的，烏雲壓得很低，似乎要下雨。多爾先生情緒低落，他最煩在這樣的天氣出差。開車的時間還有兩個小時，他隨便在站前廣場上漫步。

「太太，行行好。」聲音吸引了他的注意力。循聲望去，一個衣衫襤褸的小男孩伸出小黑手，尾隨一個貴婦人。「可憐可憐，我三天沒吃東西了。給一美元也行。」婦女轉身，怒喝一聲：「滾！」小男孩滿臉失望。

真是缺一行不成世界，多爾先生想。正思忖著，小乞丐走到他跟前，攤著小手：「先生，可憐可憐吧！給一美元也行。」多爾先生掏出一美元的硬幣，遞給他。

「謝謝你，祝您好運。」小男孩金黃色的頭髮都連成了一個板塊，全身上下只有牙齒和眼球是白的，估計他自己都忘了上次洗澡的時間了。

樹上的鳴蟬在聒噪，空氣又悶又熱，多爾先生不願過早去候車室，就信步走進一家花店。「你要看點什麼？」賣花小姐訓練有素。

這時又走進一人，多爾先生一見正是那個小乞丐。小乞丐說：「我買一束萬壽菊。」

「要我們送給什麼人嗎？」

「不用，你可以寫上『獻給我最親愛的人』下面再寫上『祝媽媽生日快樂！』」

「一共是二十美元。」小姐一邊寫，一邊說。

小乞丐從口袋裡摸出一大把硬幣，他數出二十美元，然後虔誠地接過花，轉身離去。

這個男孩蠻有情趣的，這是多爾先生沒有想到的。

火車終於駛出站臺，多爾先生望著窗外，突然，他發現了那個男孩。只見他手捧鮮花，一步一步地在雨中緩緩前行，他忘了身外的一切，瘦小的身體顯得更單薄。多爾看到他走向一塊公墓，他手中的鮮花迎著風雨怒放著。

火車撞擊鐵軌越來越快，多爾先生的胸腔中感到一次又一次的強烈衝擊。他的眼前模糊了……

一個衣不掩體、食難裹腹的小乞丐的心中竟然有如此神聖的天空，令人唏噓不已。在小乞丐的眼裡，愛，跨越了時空！相形之下，我們是否為在同一個世界的父母敬一點孝道呢？

正如陳紅所唱的那樣：「常回家看看。看看父母那曾經有力的雙手是何時長滿了厚繭；看看父母那曾經挺直的脊梁是何時被歲月壓彎；看看父母那曾經年輕的面龐是何時被歲月劃過了容顏；看看父母那曾經黑色的頭髮是何時披上了深冬的嚴寒。」

是的，相比於我們的日漸成長，父母在一天天的衰老下去。他們的耳朵也許已經有點背，他們的眼神也許已經不再清澈，他們的手腳也許已經不再麻利。但想想吧！我們兒時是如何蹣跚學步的，是如何開口說話的，給父母一點點的寬容和理解，給父母一點點的溫暖和照顧。

父母需要我們回報的不是太多，而是太少，做兒女的一聲問候、一個笑容、一句爸媽就能夠把父母的心快樂地融化。

子欲養而親不在！這是人生一大憾事。趁父母健在，盡量的給老人一些溫暖吧！

說自己孝順的人很多，但給父母洗過腳的又有幾個？再多的物質給予也不如兒女的片片心意。有句話這麼說：子欲養而親不在。不要等到成了兩個世界再去扼腕嘆息。現在行動起來，讓我們帶上笑容、帶上祝願，常回家看看。

第三通電話

當恐怖分子的飛機撞向世貿大廈時，銀行家愛德華被困在南樓的五十六層。到處是熊熊的大火和門窗的爆炸聲，他清醒地意識到自己已經沒有生還的可能，在這生死關頭，他掏出了手機。愛德華迅速按下第一個號碼。剛舉起手機，樓頂突然坍塌，一塊水泥重重地將他砸翻在地。他一陣眩暈，知道時間不多了，於是改變主意按下了第二個號碼。可還沒等電話接通，他想起一件重要的事情，又撥通了第三個號碼……

愛德華的遺體在廢墟中被發現後，親朋好友沉痛地趕到現場。其中有兩人收到過愛德華臨終前的電話，一個是他的助手羅納德，一個是他的私人律師邁克，但遺憾的是，兩人都沒有聽到愛德華的聲音。他們查了一下，發現愛德華遇難前曾撥出過三通電話。

第三通電話是打給誰的？他在電話裡說過什麼？他們推斷，很可能與愛德華的銀行或遺產歸屬權有關。但愛德華無兒無女，又在五年前結束了他失敗的婚姻，如今只有一個癱瘓的老母親，住在舊金山。

當晚，邁克律師趕到舊金山，見到了愛德華悲痛欲絕的母親。老人流著淚說：「愛德華的第三通電話是打給我的。」邁克嚴肅地說：「請原諒，夫人，我想我有權知道電話的內容，這關係到您兒子龐大的遺產的歸屬權問題，他生前沒有立下相關遺囑。」但母親搖搖頭，說：「愛德華的遺言對你毫無用處，先生。我兒子在臨終前已不關心他留在人世的財富，只對我說了一句話……」

邁克含著激動的淚水告別了這位痛失愛子的母親。

不久，美國一家報紙在醒目的位置刊登了「九一一」災難中一名美國公民的生命留言：媽媽，我愛妳！

父母的愛是偉大的，但子女對父母的那份愛何嘗不感人至深。無論是面對死亡，還是其他災難，在他們的心中，最最重要的就是那個字：愛！那是心中對父母永遠的依賴與熱愛。

鹿媽媽的愛

有一年，天下大旱，數月無雨。茫茫大草原，放眼望去，到處都是龜裂的土地和枯黃的野草。

這一天，在遙遠的天際出現了幾個疲憊的身影。一個鹿媽媽帶著一群兒女艱難地尋找著水源。幾隻小鹿沒精打采地走著，在火辣辣的太陽照耀下，牠們的整個身軀都被晒的乾癟乾癟的，看起來都快支撐不住了。

牠們走啊走啊！在快要絕望的時候，終於看到前面有一個小小的水塘。幾隻小鹿異常興奮，牠們不停地用鼻子蹭著鹿媽媽。可是，池塘的水太淺了，站在高處的小鹿，無論怎麼努力都無法把嘴湊到水邊。

這時候，驚人的一幕發生了，那隻鹿媽媽圍著小鹿轉了幾圈以後，突然縱身躍入水中。水終於漲高了，剛好能讓小鹿們喝著。

母愛的偉大在這一刻得到了淒美的昇華。血總濃於水，情莫過於親。母愛如一股涓涓細流，雖無聲，卻能夠滋潤乾枯的心靈。它平凡，卻在平凡中孕育著一份驚人的偉大！有時，母親是一劑特效藥，可以拯救那病入膏肓行將就木的靈魂；有時，母愛又是人生海洋上的一盞指路明燈，引導我們走出迷途，追隨光明。「慈母手中線，遊子身上衣」。這份沉甸甸的母愛，有誰能夠掂出它的分量，有誰能夠真正償還呢？

上帝和驢

上帝對一頭常被主人虐待的驢說：「我向讓你到天堂去享受快樂。你的主人對你太狠毒了。每天都有磨不完的小麥，還剋扣你的飼料，做的不好還給你一頓鞭子。連我都看不下去了，那個磨坊對你來說簡直就是一個地獄。」

「是的，是的。我早就想離開這座地獄了。太謝謝您了，仁慈的上帝。」驢說完，俯下身子抱起剛產下不久的小驢，準備隨上帝進入天堂。

「不，你不能帶上孩子，我只是答應你讓你一個去天堂，你得把你的孩子留在磨坊裡。」

「可是，牠還太小，我怎麼能丟下牠不管呢？即便牠現在時一頭成年的驢子，有能力透過工作來養活自己，我也不能把牠留在這地獄裡，自己獨自去天堂享福啊！」

「這可是你唯一升入天堂的機會，只要你放下你的孩子。你好好的想一想吧！」上帝有點不耐煩。

「我寧可一輩子呆在這地獄裡，我也不會為了去天堂而弄的骨肉分離。」母驢說完，又默默地拉起了沉重的磨盤。

在《父母恩重難報經》中，佛陀以沉重的口吻告訴阿難尊者：慈母至少有十大深恩。限於篇幅，在此我們僅舉兩大恩情——

慈母「回乾就溼」的恩德：慈母愛兒無微不至，夜晚孩子尿床，弄溼被縟，趕快把孩子移到乾燥的地方，自己睡又溼又冷的地方絲毫沒有怨言，只要孩子睡得好，自己受冷受凍並不介意。母親的雙乳是孩子的聖殿，帶給孩子溫暖和健康；母親的兩袖更為孩子遮擋風寒。父母為照顧幼兒，吃沒吃好、睡沒睡好，想方設法博取孩子的歡心，只要兒女睡得安穩，快快長大，母親就心滿意足、別無所求了。

慈母「遠行憶念」的深恩：親人死別使人悲傷難忍、痛斷肝腸；就是愛子遠去他鄉，也會使慈母哀傷不已；子女遠離故鄉，山川阻隔，父母早晚懸念，祈禱神佛保佑，早日平安回到身旁。有的兒女離家，一去數年無音訊，老父老母在家日夜盼望，以淚洗面。猶如林中老猿失去愛子，哀泣啼號肝腸寸斷！叫人為之心酸。

為了更形象地說明父母恩重，佛陀這樣說：「假使有人。左肩擔父。右肩擔母。研皮至骨。穿骨至髓。繞須彌山。經百千劫。血流決踝。猶不能報父母深恩。假使有人。

遭饑饉劫。為於爹娘。盡其己身。臠割碎壞。猶如微塵。經百千劫。猶不能報父母深恩。假使有人。為於爹娘。手執利刀。剜其眼睛。獻於如來。經百千劫。猶不能報父母深恩。假使有人。為於爹娘。亦以利刀。割其心肝。血流遍地。不辭痛苦。經百千劫。猶不能報父母深恩。假使有人。為於爹娘。百千刀戟。一時刺身。於自身中。左右出入。經百千劫。猶不能報父母深恩。假使有人。為於爹娘。打骨出髓。經百千劫。猶不能報父母深恩。假使有人。為於爹娘。吞熱鐵丸。經百千劫。遍身焦爛。猶不能報父母深恩。」

父母恩重難報，但父母從不要求你報。對於頭髮斑白的父母來說，一個電話、一身問候，對他們來說是最大的欣慰。長大以後的你，或許工作繁忙，或許俗事纏身，在不經意中與遠方的父母疏於聯繫。不管怎樣，你還是找點空間、找點時間，領著孩子常回家看看吧！

留著給你用

老人已經老態龍鍾了。他邁不動雙腿，眼睛看不清，耳朵聽不見，牙齒也都掉光了。當他吃飯的時候，飯菜常常從他的嘴裡漏出來。兒子和兒媳婦便不再讓他上桌子，只讓他在柴灶邊吃飯。

有一次，他們端了一碗飯給老人吃，老人手一顫，碗掉在了地上，摔碎了。於是兒媳婦就開始破口大罵，說他把家裡的東西都弄壞了，打破很多碗。她還說：「以後她要用一個鐵碗給老人盛飯，這樣就不會打破了。」老人只是嘆了口氣，一言未發。

後來，老人果然再也沒有打壞過碗了——因為他真的用了鐵碗。這種碗，怎麼摔也摔不破。木訥的老人，變得更加蒼老而又沉默了。

時間如一個收割機，終於在一個夜裡將老人收割了。雖然表面上兒子兒媳為老人的去世而傷心，但他們更多的是裝給前來弔唁的親戚朋友們看的。實際上，他們內心有一種小小的輕鬆與慶幸。

葬禮結束後，依照慣例，老人的生活用品要扔到大山的深處。當兒媳撿起老人的鐵碗時，八歲的孫子喊道：「媽媽，別丟，留著有用。」「傻兒子，這個破碗還有什麼用哩？」兒媳揚了揚手裡那個摔得凹凸不平的鐵碗，順手就扔進了裝「垃圾」的袋子。

孫子撲了上去，從袋子中翻出破碗，說：「留著等妳老了用呀！」

兒媳頓時立在那裡，如一根木樁，唯有兩行淚水奔湧流淌。

當你嫌棄年邁的父母的時候，你是否曾想過自己有一天也會變老？當你年老的時候，你是否希望自己的孩子也像當初的自己一樣厭惡你。如果你想通了，就好好的對待自己的父母，不要忘記，父母當年是如何對待蹣跚學步的你。

母親的答案

有個問題孩子一直想不通：為什麼他的同桌想考第一一下子就考了第一，而自己想考第一卻才考了全班第二十一名？回家後他問道：「媽媽，我是不是比別人笨？我覺得我和他一樣聽老師的話，一樣認真地做作業，可是，為什麼我總比別人笨？」媽媽聽了兒子的話，感覺到兒子開始有自尊心了，而這種自尊心正在被學校的排名傷害著。她望著兒子，沒有回答，因為她不知該怎樣回答。

又一次考試後，孩子考了第十七名，而他的同桌還是第一名。回家後，兒子有問了

母親的答案

同樣的問題。他真想說：「人的智力確實有三六九等，考第一的人，腦子就是比一般的靈活。」然而這樣的回答，難道是孩子真想知道的答案嗎？她慶幸自己沒說出口。應該怎樣回答兒子的問題呢？有幾次，她真想重複那幾句被上萬個父母重複了上萬次的話——你太貪玩了；你在學習上還不夠勤奮；和別人比起來還不夠努力……以此來唐塞兒子。然而，像她兒子這樣腦袋不夠聰明，在班上成績不甚突出的孩子，平時活得還不夠辛苦嗎？所以她沒有那麼做，她想為兒子的問題找到一個完美的答案。

兒子小學畢業了，雖然他比過去更加刻苦，但依然沒趕上他的同桌，不過與過去相比，他的成績一直在提高。為了對兒子的進步表示讚賞，她帶他去看了次一大海。就是在這次旅行中，這位母親回答了兒子的問題。現在這位做兒子的再也不擔心自己的名次了，也再沒有人追問他小學時成績排第幾名，因為去年他已經以全校第一名的成績考入了清華。寒假歸來時，母校請他給同學及家長們做一個報告。其中他講了小時侯的一段經歷：

「我和母親坐在沙灘上，她指著前面對我說，你看那些在海邊爭食的鳥兒，當海浪打來的時候，小灰雀總能迅速地起飛，牠們拍打兩下翅膀就升上了天空；而海鷗總顯得非常笨拙，牠們從沙灘飛入天空總要很長時間，然而，真正能飛越大海橫過大洋的還是

牠們。」

這個報告使得很多母親流下了眼淚，其中包括他自己的母親。

沒有一個孩子是完美的。每一個孩子總有這樣那樣不盡人意之處。面對孩子的不如意，作為母親的你，不要打擊，不要嘲笑，要鼓勵，要「告訴孩子你真棒」。《告訴孩子你真棒》中這樣說：「假若孩子投籃十個進了八個，我們表揚他們『投得太棒了』；假若孩子投籃十個進了兩個，我們更要表揚他們『孩子，你真棒』！」盧勤認為，孩子跟成人一樣也在尋找別人的理解，盼望公正的評價。當孩子被貶損得一無是處時，就會表現出明顯的憂鬱，影響健康，還會產生厭學的情緒；相反，如果我們對孩子經常表現出賞識、讚賞的態度，孩子們就會更加進步。

雪中送炭

一個家住曼哈頓的非裔美國籍家庭，從他們父親的人壽保險中獲得了一萬美元的意外之財。母親認為這筆遺產是個大好機會，可以讓全家搬離哈林貧民區，住進鄉間一棟有園子、可種花的大房子。

聰明的女兒則想利用這筆錢去醫學院唸書，以實現她當醫生的夢想。

然而，一向老實巴交的兒子提出一個難以拒絕的要求。他乞求獲得這筆錢，好讓他和「朋友」一起開創事業。他告訴家人，這筆錢可以使他功成名就，並讓家人生活好轉。他答應只要取得這筆錢，他將補償家人多年來忍受的貧困。

母親雖然感到不妥，還是把錢交給了兒子。她承認兒子從未有過這樣的機會，他配獲得這筆錢的使用權。

不難想像，他的「朋友」很快帶著這筆錢逃之夭夭。

失望的兒子悲痛萬分，只好帶著壞消息，告訴家人未來的理想已被偷竊，美好生活的夢想也成為泡景。

兒子的遭遇令女兒咆哮如雷，她用各種難聽的話譏諷兄長，用每個想得出來的字眼來咒罵他。她對沒出息的兄長生出無限的鄙視。

當女兒罵得差不多時，母親插嘴說：「我曾教妳愛他。」

女兒嘴一撇，不屑地說：「愛他？他沒有可愛之處。」

母親平靜地望了女兒一眼，顯得有些不以為然，她輕輕地說：「總有可愛之處。妳若不學會這一點，就什麼也沒學會。」

女兒看了看母親，不再哼聲。

母親嘆了一口氣，繼續說：「妳為他掉過淚嗎？我不是說為了一家人失去了那筆錢，而是為他，為他所經歷的一切以及他的遭遇。」

這樣的話從母親的口裡說出，讓一向認為母親沒受過教育的女兒感到有點吃驚。

母親撫摸著女兒的頭髮，輕輕地說：「孩子，衡量別人時，要用中肯的態度，要明白他走過了多少高山低谷，才成為這樣的人……」

我們多數人喜歡做錦上添花的事，卻鮮有人懂得雪中送炭。請記住，在你的家人處於「雪」中時要雪中送炭，忌漠不關心，更忌雪上加霜。

天鵝之死

有一個湖，叫天鵝湖，湖邊住著一個老漁翁和他的妻子。漁翁搖船捕魚，妻子養雞餵鴨。除了出去買些油鹽，他們很少與外界來往。

一年秋天，一群天鵝來到島上，牠們是從遙遠的北方飛來的，準備去南方過冬。老夫婦看到這些遠方來客，非常高興，因為他們在這住了這麼多年，還沒有誰來拜訪過。

漁翁夫婦拿出餵雞的飼料和打來的小魚招待天鵝。漸漸的，這群天鵝就和漁翁夫婦成了朋友。牠們在島上不僅敢大搖大擺地走來走去，而且在老漁翁捕魚時，牠們隨船而行，嬉戲左右。

冬天來了，這群天鵝竟然沒有繼續往南飛。牠們白天在湖上覓食，晚上在小島上棲息。當湖面封凍，牠們無法覓食的時候，老夫婦就敞開他們的茅屋，讓牠們進屋取暖，並且給牠們食物。這種關愛一直持續到春天來臨，湖面解凍。

日復一日，年復一年，每年老夫婦都這樣奉獻著他們的愛心。有一年，他們老了，離開小島，天鵝也從此消失。不過牠們不是飛向南方，而是在第二年湖面封凍的時候凍死了。

無可否認，世界上最偉大的感情莫過於愛，但愛太多，有時候也是一種傷害。

現代生活中的很多母親對孩子就如同故事中的漁翁夫妻對待天鵝。以為給孩子最好的物質享受就是愛，卻不知道教會孩子生存的本領。「授人予魚，不如授人予漁」。

所謂家財萬貫，不如一技在身。教會孩子生存的本領，才是真正的愛。都說天底下最無私的愛是母愛，既然愛的那麼深，是不是就應該為孩子的將來做一點打算？

均等的遺產

有一個商人，他有兩個兒子。商人最喜歡的是大兒子，想把自己的全部財產都留給他。母親很可憐小兒子，覺得這樣分財產不公平，但她又沒有辦法說服自己的丈夫，只好先請求丈夫先不要急著宣布分財產的方案。商人聽從了她的勸告。

這位可憐的慈祥的母親，一想起小兒子身上的不公平，就忍不住流淚。一次，她坐在窗前哭泣，一位過路人看見了，就走上前來，問她為什麼哭。

她說：「我怎麼能不哭呢？對我來說，兩個兒子都一樣親，可是他們的父親卻想把全部財產留給一個兒子，而另一個什麼也得不到。在我還沒想出幫助小兒子的辦法以前，我請求丈夫先不要向兒子們宣布他的決定。但是我自己沒有錢，我不知道怎樣才能解決這煩惱。」

過路人說：「妳的煩惱很容易解決。你只要向兩個兒子宣布，大兒子將得到全部財產，小兒子什麼也得不到。但以後他們將各得其所的。」

可憐的女人想了想，想不出什麼好的方法，也只好按照路人的方法去做了。小兒子一聽說自己什麼也得不到，就離開家到外地去了。他在那裡學會了手藝，增長了知識。

均等的遺產

而大兒子依賴父親生活，什麼也不學，因為他知道，他將是富有的。

商人死後，大兒子什麼都不會做，把自己所有的財產都花光了。而小兒子卻在外面會了賺錢的本事，變得富裕起來。某年，小兒子衣錦回鄉，欲接母親外出享福，在村口看見一乞丐。他順手給了點小錢，卻發現乞丐原來是自己的親哥哥。

讀完上面這則寓言，你有什麼感想呢？

也許您現在已為人父母，膝下已有子女。那您是怎麼教育孩子的呢？是提供力所能及的財產供孩子將來揮霍還是教給他知識？如果是前者，那麼很抱歉，您對教育孩子還是欠缺的太多。如果是後者，那麼您是傳輸給他現成的知識還是教給他如何學習的本領？如果是前者，那麼您只能算是及格；如果是後者，那麼恭喜您，您已經是個十分優秀的父母了。

俗話說：「授人於魚不如授人於漁。」給孩子留下財產，不如培養孩子生活的本領；同樣，讓孩子掌握知識，不如培養孩子的求知能力。

只有教會孩子如何用自己的雙手和大腦在這個競爭日益激烈的社會中生存才是正道啊！

如何除去雜草

一位著名的禪師將不久於人世，他的弟子們坐在周圍，等待著師父告訴他們人生的奧祕。禪師突然問他的弟子們：「怎麼才能除掉曠野裡的雜草？」弟子們目瞪口呆，沒想到禪師會問這麼簡單的問題。

一個弟子說道：「用鏟子把雜草全部鏟掉！」禪師聽完微笑的點點頭。

另一個弟子說：「可以一把火將草燒掉！」禪師依然微笑。

第三個弟子說：「把石灰撒在草上就能除掉雜草！」禪師臉上還是那微微的笑。

第四個弟子說：「他們的方法都不行，那樣不能除根的，斬草就要除根，必須把草根都挖出來。」

弟子們講完後，禪師說：「你們講得都很好。這樣吧！寺後面的那塊地已經荒蕪了很久，雜草叢生。我們將這塊地分成幾塊，你們每一個人包括我在內，都將分得一小塊土地。從明天起，你們就按照自己的方法除去地上的雜草，而我也將同樣運用我的方法。明年的這個時候我們就在寺後的那塊地見面吧！」

第二年的這個時候，弟子們如約相聚在那塊地旁邊，他們之前用盡了所有方法都不能除去雜草，早已放棄了這項任務，如今只是為了看看禪師的方法是什麼。果然禪師所處理的那塊地，已經不再是一片雜草叢生的景象了，取而代之是金燦燦的莊稼。

弟子們頓時領悟到：只有在雜草地裡種上莊稼才是除去雜草最好的方法。他們圍著雜草地坐下，莊稼已經成熟了，可是禪師卻已經仙逝了。那是禪師為他們上的最後一堂課，弟子無不流下了感激的淚水。

孩子身上的壞習慣，有時就像雜草，一味地除容易「春風吹又生」，最好方法是幫助他養成一個新的好習慣。當然，修身也是如此。要想讓自己改正壞毛病，最好的方法是養成一種與之相反的好習慣。

買一個小時的時間

一位母親下班回家很晚了，她很累並有點煩，發現八歲的兒子靠在門旁等她。

「媽媽，我可以問妳一個問題嗎？」「什麼問題？」「媽媽，妳一小時可以賺多少錢？」「這與你無關，你為什麼要問這個問題？」母親生氣地問。「我只是想知道，請告訴我，妳一小時賺多少錢？」小孩哀求道。「假如你一定要知道的話，我一小時賺

二十美元。」「哦，」小孩低下了頭，接著又說，「媽媽，可以借我十美元嗎？」母親發怒了：「如果你只是借錢去買那些無聊的玩具的話，給我回到你的房間，並躺在床上好好想想為什麼你會那麼自私。我每天長時間辛苦地工作著，沒時間和你玩小孩子的遊戲。」

孩子安靜地回到自己的房間並關上門。

母親坐下來還在生氣。過了一下子，她平靜了下來，開始想，也許自己對孩子太凶了——或許孩子真的想買什麼有用的東西，再說他平時很少要過錢。

於是，母親走進小孩的房間：「你睡了嗎，孩子？」「還沒有，媽媽，我還醒著。」小孩回答。「我剛剛可能對你太凶了，」媽媽說，「我將今天的氣都爆發出來了——這是你要的十美元。」「媽媽，謝謝妳。」小孩子歡快地從枕頭底下拿出一些零碎的鈔票來，慢慢地數著。「為什麼你已經有錢了還要呢？」媽媽生氣地問。「因為這之前還不夠，但現在足夠了。」小孩回答，「媽媽，現在我有二十美元了，我可以向妳買一個小時的時間嗎？明天請妳早一點回家——我想和妳一起吃晚餐。」

都市的快節奏生活，使很多年輕的父母疲於奔波。年幼的孩子交給交給保姆或爺爺奶奶來照顧，自己則為家庭、為孩子的未來全力打拚。只是，他們不曾靜下心來想一想，孩子真正需要的是什麼？就像上面這則故事裡的孩子，只是想和媽媽一起吃頓晚餐。孩子的要求是如此的簡單，但作為父母又有幾人如此在意孩子的感受？

請將這個故事與你所喜歡的人分享，但最重要的是與你所愛的人分享這價值二十美元的時間——這只是提醒辛苦工作的各位姐妹，我們是不是應該花一點時間來陪那些在乎我們、關心我們、愛護我們的人？

第四章　鏗鏘玫瑰的事業運籌

傳統的觀點認為：男人是樹女人是藤。女人需要依附於男人才不至於匍匐在地，才可以享受到清風撲面的幸福。這些觀點現已成為過去，現在人認為，你必須找到除了愛情之外，能夠使你用雙腳堅強地站在大地上的東西。

命運從來不會青睞隨波逐流的人，幸運從來不會光顧隨遇而安的人，只有向著太陽行走的人，才可能被太陽的光芒照耀。作為女人，也要給自己樹一個遠大的理想和目標。記得常常仰望天空，記住仰望天空的時候也看看腳下。好好去愛，去生活。青春如此短暫，不要嘆老。偶爾可以停下來休息，但是別蹲下來張望。

女人最想要的是什麼

年輕的亞瑟國王被鄰國的伏兵抓獲。鄰國的君主沒有殺他，而是讓他回答一個非常難的問題。這個問題是：女人真正想要什麼？

能回答這個問題的只有一個老女巫。女巫答應幫助亞瑟，但有一個條件，和他最好的朋友加溫結婚。亞瑟王驚駭極了——女巫駝背，醜陋不堪，只有一顆牙齒，身上發出臭水溝般難聞的氣味，而且經常製造出猥瑣的聲音——他從沒有見過如此可怕的怪物。加溫知道這個消息後，對亞瑟說：「我同意和女巫結婚，沒有比拯救您的生命更重要的事了。」於是加溫和女巫要結婚的消息宣布了。女巫回答了亞瑟的問題：女人真正想要的是主宰自己的命運。每個人都明白了，女巫說出了一個偉大的真理。亞瑟的生命被解救了。

來看看加溫和女巫的婚禮吧！這是怎樣的婚禮呀！加溫一如既往地謙和，而女巫卻在慶典上表現了最壞的行為：她用手抓東西吃、打嗝、放屁，讓所有的人感到噁心，不舒服。

新婚的夜晚來臨了，加溫依然堅強地面對可怕的夜晚，走進新房。怎樣的景像在等待著他呢？一個他從來沒見過的美麗少女半躺在婚床上！加溫驚呆了，問她到底是怎麼回事。美女回答說：「因為當她是個醜陋的女巫時加溫對她非常好，所以她在一天的時間裡有一半時間是醜陋的，另一半時間則是美麗的。」

她問加溫：「究竟想要她白天或夜晚各展現哪一面呢？」

加溫開始思考他的困境：是選擇白天向朋友們展現一個美麗的女人，而在夜晚面對一個又老又醜如幽靈般的女巫；還是選擇白天擁有一個醜陋的女巫，而在晚上與美麗的女人共度每一個親密的時刻？

如果你是加溫，會怎樣選擇呢？

有人選擇白天是女巫，夜晚是美女，理由是妻子是自己的，不必愛慕虛榮，苦樂自知就可以了；有人選擇白天是美女，因為可以得到別人羨慕的目光，至於晚上，可以在外作樂，回到家裡，屋子漆黑，妻子美醜都無所謂了。

加溫最終沒有作任何選擇，只是對他的妻子說：「既然女人最想要的是主宰自己的命運，那麼就有你自己決定吧！」

於是，女巫選擇白天夜晚都做美麗的女人！

有句廣告詞說的非常經典「女人的事情女人辦！」，每個女人都有選擇自己命運的權利，每個女人都不希望自己的命運被別人主宰。即便是錯了、哭了、痛了、累了，但絕不是後悔了。「生命不在於長短，而在於是否痛快的活。」三毛這樣對我們說。

選擇了自己所選擇的，堅持了自己所堅持的，即便是錯了，生命也不會有遺憾。

野百合也有春天

在一個偏僻遙遠的山谷裡，有一個高達數千尺的斷崖。不知道什麼時候，斷崖邊上長出了一株小小的百合。

野百合也有春天

百合剛剛誕生的時候，長得和雜草一模一樣。但是，它心裡知道自己並不是一株野草。

它的內心深處，有一個內在的純潔的念頭：「我是一株百合，不是一株野草。唯一能證明我是百合的辦法，就是開出美麗的花朵。」有了這個念頭，百合努力地吸收水分和陽光，深深地扎根，直直地挺著胸膛。

終於，在一個春天的早晨，百合的頂部結出了第一個花苞。

百合的心裡很高興，附近的雜草卻都不屑，它們在私底下嘲笑著百合：「這傢伙明明是一株草，偏偏說自己是一株花，還真以為自己是一株花，我看他頂上結的不是花苞，而是頭上長瘤了。」

公開的場合，它們譏笑百合：「你不要做夢了，即使你真的是會開花，在這荒郊野外，你的價值還不是跟我們一樣？」

偶爾也有飛過的蜂蝶鳥雀，牠們也會勸百合不用那麼努力開花：「在這斷崖邊上，縱然開出世界上最美的花，也不會有人來欣賞呀！」

百合說：「我要開花，是因為我知道自己有美麗的花；我要開花，是為了完成作為一株花的莊嚴生命；我要開花，是由於自己喜歡以花來證明自己的存在。不管有沒有人欣賞，不管你們怎麼看我，我都要開花！」

在野草和蜂蝶的鄙夷下，野百合努力地釋放著內心的能量。有一天，它終於開花了，它那靈性的潔白和秀挺的風姿，成為斷崖上最美麗的顏色。

這時候，野草與蜂蝶，再也不敢嘲笑它了。

百合花一朵朵地盛開著，它花上每天都有晶瑩的水珠，野草們以為那是昨夜的露水，只有百合自己知道，那是極深沉的歡喜所結的淚滴。

年年春天，野百合努力地開花、結籽。它的種子隨著風，落在山谷、草原和懸崖邊上，到處都開滿潔白的野百合。

幾十年後，遠在千百里外的人，從城市、從鄉村，千里迢迢趕來欣賞百合花。許多孩童跪下來，聞嗅百合花的芬芳；許多情侶互相擁抱，許下了「百年好合」的誓言；無數的人看到這從未有過的美，感動得落淚，觸動內心那純潔溫柔的一角。

那裡，被人們稱為「百合谷地」。

不管別人怎麼欣賞，滿山的百合都謹記著第一株百合的教導：「我們要全心全意默默地開花，以花來證明自己的存在。」

伸開我們的手掌，上面布滿各種各樣錯綜複雜的紋理我們稱之生命線、事業線、愛情線……由此看來，人的一生命運似乎都布在上面。那麼，當你用力握緊拳頭時，命運在哪裡？沒錯，就被我們緊緊握在手中。

一張車票

兩個鄉下人外出工作。張三去北部，李四去南部。但在等車時，卻都又改變了主意，因為鄰座的人議論說，北部人精明，什麼都要都收費；南部人質樸，見沒錢吃飯的人，不僅給饅頭，還送衣服。

去北部的張三想，還是南部好，賺不到錢也餓不死，幸虧還沒上車，不然真就掉入火坑。去南部的人想，還是北部好，隨便都能賺錢，幸虧還沒上車，不然就失去了一次致富的機會。

於是他們在退票的窗口相遇了。經過簡單的閒聊，張三李四就換了票，也省下了退票的手續費與重新買票的麻煩。

就這樣，張三到了去南部。南部人果然像別人所說的質樸，他初到南部一個月，沒有工作，竟然沒有餓過肚子，不僅銀行大廳裡的水可以白喝，而且賣場裡試吃的點心也可以白吃。而去了北部的李四則發現，北部果然是個可以發財的地方，做什麼都可以賺錢，總之只要想點辦法再花點力氣就可以賺錢。

憑著鄉下人對泥土的感情和了解，李四第二天在建築工地裝了十包含有沙子和樹葉的土，以花盆土的名義，向不懂泥土而又愛花的北部人兜售。當天他在市郊間催往返六次，淨賺了五千元。一年後，憑「花盆土」他在北部租了一間小小的店面。過段時間他又有了個新的發現：一些人負責洗大樓不負責洗招牌。他立即抓住這一空當辦起了一個小型清潔公司。後來他的公司已有一百多名職員，業務也由北部向外擴張。

一次，李四做坐火車去南部考察。在車站，一個撿破爛的人把頭伸車廂，向他要一個空保特瓶。就在遞瓶子時，兩人都愣住了，因為五年前，他們曾換一過次票。

看完這則寓言，不由作一個這樣的假設：如果當初兩人沒有換火車票，命運是否會不一樣呢？是否張三會成為李四，李四會變成張三呢？

會嗎？

——相信聰明的你早就有了自己的答案。是的，心態決定命運，眼界決定格局。人生的成敗得失，歸結到底盡源於此。

各有所長

一隻小象出門旅行，在路上碰到了同樣旅行的小豬。

小象看著小豬，忍不住哈哈大笑著說：「你的鼻子那麼短，真是太好笑了，太醜陋了，哈哈。」

小豬反駁道：「笑啥笑啊！你鼻子那麼長，就像臉上長個水管似的，還笑呢！」

兩個小傢伙互相嘲笑著前行，繼續他們的旅行路程。

他們來到了一顆蘋果樹前，又紅又大的蘋果掛滿了樹冠膨大的蘋果樹。兩隻小傢伙不禁口水橫流，垂涎三尺。

小象來到樹下，用他的長鼻子輕鬆地將蘋果擊落下來。於是兩隻小傢伙開開心心地吃起來。

小豬邊吃邊說：「原來你的鼻子也不是那麼討厭嘛，嘿嘿。」

吃完蘋果，他們繼續前行。

走著走著，他們來到了一塊蕃薯地。

小豬說：「看我的。」

說完，小豬用牠的鼻子去拱地，拱啊拱啊！把埋在地下的蕃薯都拱了出來。於是兩隻小傢伙開開心心地吃起來。

小象邊吃邊說：「原來你的鼻子也不是那麼差勁嘛，哈哈。」

尺有所長，寸有所短。清人顧嗣協有詩云：

駿馬能歷險，犁田不如牛，堅車能載重，渡河不如舟。舍才以避短，資高難為謀。生材貴適用，勿復多苛求。

科學家認為，男人多半是「左半球的人」，女人多半是「右半球的人」。大腦左半球是管抽象思維活動的，大腦右半球是管形象性和運動性活動的。男子職業選擇傾向於抽象思維類職業，女子則傾向於形象思維類職業。有人把職業抽象劃分為高技術類、高情感類，認為男人更適合前者，女人更適合後者，這不無道理。女性天生的直覺、理解力、柔性、協調性決定其在創業上具有一些男性無法比擬的優勢與特長。

有了以上這些優勢，使得女性掌管的企業獲利能力比一般企業都要好。從全國婦聯對女企業家的調查統計看，女性領導的一百五十萬家企業中，僅有百分之一點五的企業虧損，百分之九十八的企業盈利。企業家研究調查一九九六至二〇〇一年間作了六次企業家問卷追蹤調查，這份調查顯示：女企業家經營的企業中，盈利企業的比重比男企業家企業多七點八個百分點，持平企業也多四點三個百分點；虧損企業則少十二點一個百分點。

當然，事物總是有兩面性的。女性創業有鮮明的優勢，也有其劣勢。通常情況下，女性擁有的市場訊息和銷售渠道少於男性，這令她們總體上缺乏對經營風險的承受能力。創業者必備的一些心理素養，例如：勇於承擔風險、有冒險精神、審時度勢、判斷準確、出手果斷等，這些是許多女性目前所缺乏的。

狗與羚羊的奔跑

草原上，一隻狗正在獵捕一隻羚羊，經過漫長的奔跑，狗還是沒有追上羚羊。最後，狗趴在地上喘著粗氣問羚羊：「老弟，憑實力，我跑得比你快，可為什麼到關鍵一步時總是比你差一點？」

羚羊回答說：「你是比我跑得快，但你總是抓不到我，也許是因為我們奔跑的目的不一樣吧！」

「奔跑的目的？」狗非常不解地問道。

「是的，你奔跑的目的只是為了完成任務，討好你的主人，而我奔跑的目的卻是為了活命！」羚羊說。

人生中不能沒有「狗」。選擇壓力，堅持往前衝，自己就能成就自己。

一位名不見經傳的年輕人第一次參加馬拉松比賽就獲得了冠軍，並且打破了世界紀錄。

他如同輕巧的羚羊般衝過終點後，新聞記者蜂擁而至，團團圍住他，不停地提問：「你是如何取得這樣好的成績的？」

年輕的冠軍喘著粗氣說：「因為，因為我的身後有一隻狼。」

迎著記者們驚訝和探詢的目光，他繼續說：「三年前，我開始練長跑。訓練基地的四周是崇山峻嶺，每天凌晨兩三點鐘，教練就讓我起床，在山嶺間訓練。可我盡了自己最大的努力，進步卻一直不快。」

「有一天清晨，我在訓練的途中，忽然聽見身後傳來狼的叫聲。開始是零星的幾聲，似乎還很遙遠，但很快就急促起來，而且就在我的身後。我知道是一隻狼盯上了我，我甚至不敢回頭，沒命地跑著。那天訓練，我的成績好極了。後來教練問我原因，我說我聽見了狼的叫聲。教練意味深長地說：『原來不是你不行，而是你的身後缺少一隻狼。』後來，我才知道，那天清晨根本就沒有狼，我聽見的狼叫，是教練裝出來的。從那以後，每次訓練時，我都想像著身後有一隻狼，成績也就突飛猛進。今天，當我參加這場比賽時，我依然想像我的身後有一隻狼，所以我成功了。」

《簡愛》的作者——英國女作家夏綠蒂．勃朗特意味深長地說過：「人活著就是為了含辛茹苦。人的一生肯定會有各種各樣的壓力，於是內心總承受著煎熬，但這才是真實的人生。」人無壓力輕飄飄，事實上，有壓力並不是一件壞事，它很可能就是成就你輝煌的最雄厚資本。

聰明的年輕人

兩個年輕人一起開山，一個把石塊砸成碎石運到路邊，賣給建房的人；一個則直接把石塊運到碼頭，賣給的花鳥商人。因為這裡的石頭奇形怪狀，他認為賣重量不如賣造型。三年後，他成為村裡第一個蓋房子的人。他在自己的筆記寫下一句話：要尋找與他人不同的優勢。

後來，因為環境保護的問題，不准許開山，只能種樹，於是這裡成了果園。每到秋

天，漫山遍野的鴨梨招來八方客商，他們把堆積如山的梨子成筐成筐地運往都市，然後再發往韓國和日本。因為這裡的梨，汁濃肉脆，口味純正無比。就在村裡的人為鴨梨帶來的小康日子歡呼雀躍時，曾賣過石頭的果農賣掉果樹，開始種柳。因為他發現，來這裡的客商不煩惱挑不到好梨子，只煩惱買不到盛梨子的筐。五年後，他成為第一個在都市買房的人。他又在自己的筆記寫下一句話：要比他人早挖掘市場需求。

後來鄉村對外開放，果農也由單一的賣果開始到談論果品加工及市場開發。就在一些人開始集資辦廠的時候，那個村民在他的地頭砌了一堆三公尺高、百公尺長的牆。這堆牆面向鐵路，背依翠柳，兩旁是一望無際的萬畝梨園。坐火車經過這裡的人，在欣賞盛開的梨花時，會突然看到四個大字：可口可樂。據說這是郊區唯一的廣告，那堆牆的主人憑這堆牆，第一個走出了村落，因為他每年有四萬元的額外收入。他再次在筆記寫下一句話：如果能夠排除競爭，你必然能成為最大的贏家。

與其說他是一個天才經營者，不如說他是一個善於學習和總結的人。在現在社會中，與其說是大魚吃小魚，快魚吃慢魚，不如說是聰明魚吃愚笨魚。而聰明往往來源於不斷的總結、學習和創新。

瞎子和瘸子

一個瞎子和一個瘸子結伴去尋找一種仙果。他們一直走呀走，途中他們翻山越嶺，歷經千辛萬苦，頭髮開始斑白。有一天，那瘸子對瞎子說：「天哪！這樣下去哪有盡頭？我不做了，受不了了。」

「老兄，我相信不遠了，會找到的，只要心中存有希望，會找到的。」瞎子說。可瘸子執意要待在途中的山寨中，瞎子便一個人上路了。

由於瞎子看不見，不知道該走向何處，他碰到人便問，人們也好心地指引他。他身上捉襟見肘、遍體磷傷，可他心中的希望未曾改變。

終於有一天，他到達了那座山。他全力以赴向上爬，快到山頂的時候，他感覺自己渾身充滿了力量，好像年輕了幾十歲。他向身旁摸索，便摸到了果子一樣的東西，放在嘴裡咬一口，天哪！他復明了，什麼都看見了，綠綠的樹木，花朵鮮豔，小溪清澈，果子長滿了山坡，他朝溪水俯身看去，自己竟變成了一個英俊的年輕人！

準備離去的時候，他沒有忘記替同行而來的瘸子帶上兩個仙果，到山寨的時候，他看到瘸子拄著拐棍，變成了一個頭髮花白的老頭。瘸子認不出他了，因為他已是一個年輕的年輕人了。當他們相認後，瘸子吃下那果子，卻絲毫未起任何變化。他們這才知道，只有靠自己的行動，才能換來成功和幸福。

行百里者半九十，很多時候的失敗，我們都是在第九十九步的時候倒下。追求成功和幸福，就是要心存希望，堅持、堅持、再堅持，等熬過了嚴酷的寒冬，還怕溫暖的春天不會來嗎？

唯一的辦法

有個老人和他的兒子牽著他們的驢到附近的集市上去賣。

剛走了不遠，他們看見一群又說又笑的婦女聚在井邊，其中一個喊道：「瞧啊！你們看見過有這麼傻的人嗎，有驢不騎，卻自己在路上走。」

老人聽了這話，急忙讓他的兒子騎上驢，自己高興地走在他身邊。然而，當他們經過一位老者時，老者說：「現在的人怎麼會是這樣孝敬老人的？兒子騎著驢，而他年老的父親卻得走路！」

聽了這話後，老人只好讓他的兒子下來，自己騎上去。他們這樣走了還沒有幾里路，又碰到一群婦女和孩子。幾個婦女立刻喊起來：「嗨，你這懶惰的父親，怎麼能夠自己騎驢，讓那個可憐的兒子在身邊走？他簡直都快趕不上了！」

忐忑不安的老人立刻把兒子抱上驢坐到他身旁。這時候，他們來到了集市的城門口。一個問：「老先生，那頭驢是你自己的嗎？」

老人說：「是的。」

那人說：「噢，這種騎法沒人會做得出來，看看你們兩個人有多重，都快要把驢壓垮了。」

老人急忙和兒子一起從驢背上下來，站在地上不知如何是好。想了半天，老人覺得現在只有唯一的辦法：把驢的四條腿捆在一起，兩人用一根棍子把驢抬起來走路。他們花了很大力氣才制服了驢子，然後抬著牠又上路。經過城門口的一座橋時，他們可笑的行為惹得人們圍過來哈哈大笑。驢不高興這吵鬧聲，也享受不了這種被抬著走的奇怪方式，就掙脫了綁住牠的繩子，翻身掙扎下來，但卻掉進河裡去了。

老人又羞又怒，趕快轉身回家。這時他才終於明白了一個道理：要想讓人人都高興，結果只能誰都不高興，外加失去了自己的驢。

這個寓言聽上去似乎很荒唐，可是，在現實生活中我們經常會遇到老人那樣的境遇。女人一般來說都耳朵根子軟，定力不夠，容易被別人的話所左右。為什麼會耳朵根

子軟、被他人所左右呢？因為缺乏獨立思考的能力，沒有了主見。因此，女人要學會培養自己獨立思考問題、獨立解決問題的能力，這些是立足於世的必然條件。

聽取和尊重別人的意見固然重要，但無論何時都千萬不要人云亦云，更不要亂了方寸而不知所往，做了別人意見的傀儡，否則你不但會在左右搖擺中身心疲憊，失去許多的成功機會，有時甚至還會失去自己。做自己認為對的事，成自己想成的人，無論成敗與否，你都會獲得一種無與倫比的成就感和自我歸屬感。正如但丁的那句眾所周知的豪言：「走自己的路，讓別人說去吧！」

三個和尚

三個和尚在一所破落的寺院裡相遇。這個寺院是如此的破，以致於連一個能棲身的地方都沒有。

「這所寺院為什麼荒廢了？」三人不約而同地想到這個問題。

「必是和尚不勤，所以廟產不修。」甲和尚說。

「必是和尚不敬，所以香客不多。」乙和尚說。

「必是和尚不虔，所以菩薩不靈。」丙和尚說。

三人爭執不休，最後決定留下來各盡其能，重新打理寺院，也看看到底是什麼原因導致這裡如此頹敗。於是，甲和尚整理廟務，乙和尚化緣講經，丙和尚禮佛唸經。果然香火漸盛，寺院恢復了往日的壯觀。

「都因為我勤加管理，所以寺務周全。」甲和尚說。

「都因為我勸世奔走，所以香客眾多。」乙和尚說。

「都因為我禮佛唸經，所以菩薩顯靈。」丙和尚說。

三人爭執不休、各自負氣、不肯再出力，漸漸地，寺院裡的盛況又逐漸消失了。

就在三個人各奔東西的那一天，他們總算得出一致的結論：這座寺院荒廢的原因，既非和尚不虔，也不是和尚不勤，更非和尚不敬，而是由於：和尚不睦。

做人難，做女人更難，做職場裡的女人更是難上加難。都說三個女人一臺戲，在職場女性的世界裡，從來不缺乏打小報告和流淚生氣。其實每個人都是成功的一塊磚，唯有齊心協力，成功的大廈才會屹立。每個人都是溪流中的一滴水，唯有一直向前，才能匯成大海的汪洋。

道理其實十分淺顯，就看聰明的你會不會付諸實踐。

蜈蚣買汽水

有一群昆蟲聚集在草堆裡一起聚餐聯誼，牠們一邊興奮的聊天，一邊開心的吃著可口美味的食物，不多久，牠們就把準備的汽水給喝個精光。

沒有汽水的情形下，大家口渴難耐，所以就商量要推派一個代表跑腿幫大家買汽水，而賣汽水的地方又離這裡有一段頗長的路程，小蟲們認為要解決口乾舌燥的急事，一定要找到一位跑得特別快的代表，才能勝任這樣的任務。

大家你一言我一語，環顧四周，挑來挑去，最後牠們一致推選蜈蚣為代表，因為牠們認為蜈蚣的腳特別的多，跑起路來，一定是像旋風般的快。

蜈蚣在盛情難卻的情況下，起身出發為大家買汽水，小蟲們放心的繼續嬉鬧歡笑，一時間忘了口渴的難耐。過了好久，大家東張西望，焦急的想蜈蚣怎麼還沒回來。情急之下，螳螂自告奮勇外出了解究竟發生了什麼事。才一推開門，就發現蜈蚣還蹲在門口辛苦的穿著鞋子呢！

我們經常這樣說：人不可貌相，卻常常根據外表來先入為主地判斷這個人的能力或人格。因此，看走眼也就不足為奇。以為只要腿長或腳多，就一定會跑得快，就像故事中的蜈蚣一樣，但事實上是，雖然腳多，卻不見得跑得快，因為光是穿鞋子，就要花掉一段頗長的時間。

客觀地評估一個人的優缺點實在是有必要的，尤其當在應徵或任用下屬時，更應站在不偏不倚的角度，去除個人的偏見，甚至發展或建立一套客觀的評估標準來選才、用才，才不會造成人力資源的虛耗或懷才不遇的遺憾，才能稱得上是一位合格的「伯樂」。

貓和狐狸

有一次，貓在森林裡遇見了狐狸先生。貓心想：這傢伙精明能幹，見多識廣。於是便熱情地招呼他道：「您好，親愛的狐狸先生。近來您身體好嗎？這些個日子您過得怎麼樣？」

狐狸趾高氣揚，把眼前這隻貓從頭到腳打量了一遍，好長時間不知該如何回答是好。最後，他終於回答說：「哦，你這個可憐的長鬍鬚，你這個花裡胡哨的傻瓜，你這個窮光蛋，你這個捕鼠者，你在打什麼鬼主意？你怎麼膽敢問我的情況？你學會什麼了？你有多少本領？」

「我只有一個本領。」貓謙虛地回答道。

「那麼是什麼本領呢？」狐狸問。

「如果狗追我的話，我會跳到樹上，自我解救。」

「就這點本領嗎？」狐狸說，「我會一百種本領，而且還有滿滿一口袋的計謀。我覺得你挺可憐的。跟我來吧！我想教你該如何逃避狗的追逐。」

這時候，正好有一個獵人帶著四條獵狗走來了。貓敏捷地跳到了一棵樹上，在樹梢上坐了下來；樹枝和樹葉把她遮得嚴嚴實實。「快打開您的計謀口袋，狐狸先生，快打開您的計謀口袋，」貓向狐狸喊叫著。可是，這時候獵狗已經撲過去把他逮住了，並死死地咬住他不放。

「唉，狐狸先生，」貓叫道，「您陷入一百種本領不能自拔了。如果像我一樣能爬樹的話，也就不會把自己的性命給丟掉了。」

本事多了不怕，就怕關鍵時刻沒一樣頂用。說的天花亂墜終究還是虛，事實面前才能現真章。當年趙括紙上談兵神乎其神，結果一夜之間四十萬人成為刀下之魂。

牛皮不是靠吹才鼓的，火車也不是靠推才走的。唯有管用的本事才叫真本事。

偷油喝的老鼠

有三隻老鼠呼群結伴一起去偷油喝，可是油缸非常深，油在缸底，牠們只能聞到油的香味，根本就喝不到油，愈聞愈垂涎。喝不到油的痛苦令牠們十分焦急，但焦急又解決不了問題，所以牠們就靜下心來集思廣益，終於想到了一個很棒的辦法，就是一隻咬著另一隻的尾巴，吊下缸底去喝油。牠們取得一致的共識，大家輪流喝油，有福同享，誰都不可以存有自私獨享的想法。

第一隻老鼠最先吊下去喝油，牠在缸底想：「油就只有這麼一點點，大家輪流喝一點也不過癮，今天算我運氣好，不如自己就痛快喝個飽。」夾在中間的第二隻老鼠也在想：「下面的油沒多少，萬一讓第一隻老鼠喝光了，那我豈不是要喝西北風嗎？我幹嘛這麼辛苦的吊在中間讓第一隻老鼠獨自享受一切呢！我看還是把牠放了，乾脆自己跳下去喝個痛快淋漓！」第三隻老鼠則在上面想著：「油是那麼的少，等牠們兩個吃飽喝足，哪裡還有我的份，倒不如趁這個時候把牠們放了，自己跳到缸底飽喝一頓，才能一解嘴饞。」

於是第二隻狠心放了第一隻的尾巴，第三隻也迅速放了第二隻的尾巴，牠們爭先恐後的跳到缸裡頭去，混身溼透，一副狼狽不堪的樣子，加上腳滑缸深，牠們從此再也逃不出油缸，淒厲的叫聲響徹整個房間。

自私是人的天性，尤其利益當前，有的人更克服不了這樣的劣根性。此外，見不得別人好也是很多人的通病，其實「你好，我好，大家好」的共贏精神，才能促進人際往來的順利。別人好，自己未必就會損失利益；自己好的當下，也應該盡量想到不要對別人造成傷害，如果你這麼做了，你的人際關係自然會通暢無阻。

驕傲的羽毛

有一根非常絢麗耀眼的羽毛，生長在大鵬鳥的翅膀上。在眾多的羽毛中，這根羽毛十分與眾不同，它每時每刻都閃閃發亮，耀眼奪目，令其他羽毛羨慕不已。它自己也常常得意洋洋，擺出一副不可一世的樣子。

有一天，亮麗的羽毛意氣風發地對其他羽毛說：「大鵬鳥展翅飛翔時看起來如此壯觀偉岸，還不都是因為有我參與的關係。」其他羽毛聽罷都低聲附和。又過了一段日子，那根漂亮的羽毛更加自以為是地對其他同伴說：「我的貢獻太大了，沒有我的話，大鵬鳥哪裡能夠一飛衝天呢！」

漂亮的羽毛整天陷在自傲自負的泥沼裡，無法自拔。終於它孤傲且目中無人地對大家宣布：「我覺得大鵬鳥已經成為我人生沉重的負擔，要不是大鵬鳥碩大無比的軀體重重地壓著我，我一定可以自由自在地飛翔，而且會飛得更遠更高。」說完，它就使出渾身解數，拚命地脫離大鵬鳥，最後它終於如願以償從大鵬鳥的翅膀上掉落下來，在空中沒飄多久，就無聲無息地落在泥濘的土地上，從此再也無法飄揚遠飛了。

有些女人固然擁有不錯的才華，然而，卻因此就自視高人一等，甚至目中無人，更有甚者將所有的功勞都往自己身上攬。可是，這樣做的後果想過嗎？這種自傲的心態及行為，終將會給自己帶來惡果。

承認錯誤

公司裡新招募一批職員，老闆抽空與大家見面。

「黃燁（ㄏㄨㄚˊ）」全場一片靜寂，沒有人應答。

老闆又唸了一遍。一個員工站起來，害羞地說：「我叫黃燁（ㄧㄝˋ），不叫黃燁（ㄏㄨㄚˊ）」

人群中發出一陣低低的笑聲。老闆的臉色有些不自然。「報告經理，是我把字打錯了。」一個優秀的年輕人站了起來，說道。「太馬虎了，下次注意。」老闆揮揮手，接著唸了下去。

沒多久，這位年輕人被提拔為公關部經理，叫黃燁的那個員工則被解僱了。

表面上看來，這個主管沒什麼水準，打字員是在拍馬屁。實則每個人都有自己的知識欠缺，偶爾的犯錯誤出洋相難以避免，而如何巧妙地讓別人從尷尬中走出來，這真是一門很高超的學問。如果你學會了，那麼，恭喜你，很快就要升遷了。

許願石

有個年輕人，想發財想到幾乎發瘋的地步。每每聽到哪裡有財路，他便不辭勞苦地去尋找。有一天，他聽說附近深山中有位白髮老人，若有緣與他見面，則有求必應，肯定不會空手而歸。於是，那年輕人便連夜收拾行李，趕上山去。

他在那裡苦等了數天，終於見到了傳說中的老人，他向老者請求賜珠寶給他。老人告訴他說：「每天早晨，太陽未升起時，你到村外的沙灘上尋找一塊『許願石』。其他石頭是冷的，而那顆『許願石』卻與眾不同，握在手裡，你會感覺到很溫暖。一旦你尋到那顆『許願石』後，你所祈禱的東西都可以實現了。」

年輕人很感激老人，便趕快回村去。

每天清晨，那年輕人便在沙灘上尋找石頭，只要發覺不溫暖的，他便丟下海去。日復一日，月復一月，那年輕人在沙灘上尋找了大半年，始終也沒找到溫暖發光的「許願石」。

有一天，他如往常一樣，在沙灘開始拉石頭。一發覺不是「許願石」，他便丟下海去。一塊、兩塊、三塊……

突然，「哇……」，年輕人哭了起來。因為，他剛才習慣地將一塊石頭丟進海後，才發覺掌心殘存著些許溫暖！

一天一天，我們為夢想為努力奔跑。一次一次的失望，是否麻木你的心靈以及觸覺？當努力成為一種麻木的慣性時，有多少機會在麻木中失去？

當你鬆懈時，想一想那隻蹲守在老鼠洞口的貓吧！任時間流逝，牠也目不轉睛地盯住洞口，只等那老鼠探出頭來，便一躍而上，一擊致命。那種耐心、信心，多麼值得我們學習！

一遍雞鳴

有兩個人偶然與神仙邂逅，神仙授他們釀酒之道，讓他們選端陽那天飽滿起來的米，與冰雪初融時高山流泉的水珠相調和，然後注入千年紫砂土鑄成的陶罐中，再用初夏第一張看見朝陽的新荷覆緊，密閉七七四十九天，直到雞叫三遍後方可啟封。

像每一位傳說裡的英雄一樣，他們跋涉過千山萬水，歷盡了千辛萬苦，找齊了所有的材料，然後潛心等待那注定的時刻。多麼漫長的等待啊！漫漫長路終於能觸手可及。第四十九天到了。為了等待雞鳴的聲音，他們兩個人一整夜都沒有睡覺。遠遠地，傳來了第一遍雞鳴，過了很久很久，依稀響起了第二聲。

可是，第三遍雞鳴到底什麼時候才會來？其中一個人再也忍不住了，他迫不及待地打開了陶罐，卻嚇傻了——裡面的一汪水，像醋一樣酸，彷彿中藥一樣苦。他後悔莫及，失望地把它灑到了地上。而另外一個，雖然慾望像一把野火似地在他心裡慢慢燃燒，讓他按捺不住想要伸手，他卻仍是咬緊牙關，堅持到了第三遍雞鳴響徹了天際。多麼甘甜清澈的酒啊！

很多時候，成功與失敗者的唯一區別，往往不是更多的努力，或者更聰明的頭腦，區別僅僅就在於是否能夠堅持到底，而這個「底」，有時是一年，有時幾天，有時僅僅是「一遍雞鳴」而已。

逝去的機會

有個人一天晚上碰到一位天使，這位天使告訴他說，有大事要發生在他身上了，他將有機會得到巨大的財富，同時，在社會上獲得很高的地位，並且娶到一個漂亮的妻子。這個人終其一生都在等待這個奇蹟的出現，可是卻什麼事也沒發生。最終，他窮困潦倒地度過了一生，最後孤獨地老死了。

當他靈魂升天時，他又見到了那個天使。他對天使說：「你說過要給我財富、很高的社會地位和漂亮的妻子，我等了一輩子，卻什麼也沒有。」

天使回答他：「我沒說過那種話，我只承諾過要給你機會得到財富、一個受人尊重的社會地位和一個漂亮的妻子，可是你卻讓這些都從你身邊溜走了。」這個人迷惑了，他說：「我不明白你的意思。」

天使回答道：「你可記得你曾經有一次想到一個好點子，可是你沒有行動，因為你怕失敗而不敢去嘗試？」

這個人點點頭。

天使繼續說：「因為你沒有去行動，這個點子幾年後給了另外一個人，那個人一點也不害怕地去做了。你可能記得那個人，他就是後來變成全國最有錢的那個人。還有一次，你應該還記得，城裡發生了大地震，大半的房子都毀了，幾千人被困在倒塌的房子裡，你有機會去幫助拯救那些存活的人，可是你卻怕小偷會趁你不在家的時候，到你家裡趁火打劫，你以這作為藉口，故意忽視那些需要你幫助的人，而只是守著自己的房子。」

這個人很不好意思地點了點頭。天使說：「那是你的好機會，可以去拯救很多人，而那個機會可以使你在城裡得到多大的尊敬和榮耀啊！」

天使繼續說：「你記不記得有一個頭髮烏黑的漂亮女子，那時你曾經非常強烈地被她吸引，你從來不曾這麼喜歡過一個女子，之後也沒有再碰到過像她這麼好的女子，可是你想她不可能會喜歡你，更不可能會答應和你結婚，你因為害怕被拒絕，就讓她從你身旁溜走了？」這個人又點點頭，可是這次他流下了眼淚。

天使說：「我的朋友啊！就是她！她本來應是你的妻子，你們會有好幾個漂亮的小孩。而且跟她在一起，你的人生將會有許許多多的快樂。」

每天我們身邊都會圍繞著很多機會，包括愛的機會。可是我們經常像故事裡的那個人一樣，總是因為害怕而停止腳步，白白讓機會溜走了。我們因為害怕被拒絕而不敢跟人們接觸；我們因為害怕被嘲笑而不敢跟人們溝通情感；我們因為害怕失敗而不敢對別人承諾。

不過，幸運的是，我們比故事裡的那個人多了一個優勢，那就是我們還活著！我們可以從現在起抓住那些機會，去創造我們自己的機會。

一張樂透

有個中年人經常到教堂祈禱，而且他的禱告詞幾乎每次都一樣。

他第一次來到教堂時，跪在神壇前，輕輕地念道：「啊！上帝，請看在我多年來一直敬重您的分上，讓我中一次樂透吧！阿門。」

幾天後，他又垂頭喪氣地來到教堂，同樣跪著祈禱：「上帝啊！我願意更謙卑地來服侍您。就讓我中一次樂透吧！求您了！阿門。」

沒過幾天，他再一次來到教堂，同樣重複他的那一句禱告詞。如此周而復始，不間斷地祈求著。

到了最後一次，他跪著祈禱：「我的上帝，您為何不傾聽我的祈求？讓我中樂透吧！哪怕一次，讓我解決所有的困難，我願奉賢終身，專心侍奉您……」

就在這時，聖壇上空發出一陣莊嚴宏偉的聲音：「我一直在傾聽你的祈禱。但是最起碼，你也該先去買一張樂透吧！」

生活中每天都有這樣的人，每天都在夢想著成功，夢想著成為企業家、成為發明家、成為歌星、成為影后。但是，至少應該為夢想而努力吧？難不成天上真會掉下餡餅？夢想的實現，不是靠夢，而是靠做才能兌現的。

多才的鼯鼠

田野裡有一隻小鼯鼠，圓腦袋，禿耳朵，大眼睛，胖胖的身體，毛茸茸的長尾巴，長得非常可愛。

多才的鼯鼠

小鼯鼠從小很聰明，又愛吃，又貪玩。鼯鼠媽媽對牠說：「大地上的動物都笑我們鼯鼠沒有能耐，你出門學點才能吧！」

小鼯鼠高高跳起：「媽媽，妳放心吧！我一定可以學會很多才能！」

小鼯鼠見小鳥飛得又快又高，就跟著小鳥學飛行。小鳥先教牠從地上飛到土田坎，小鼯鼠很快地就學會了。小鳥又教牠飛上房頂，再飛上大樹，小鼯鼠試試，很費力，不小心還會摔傷，跌死，牠喘著氣說：「我已經能飛上坎，再飛房頂、大樹，太麻煩了，不用學了！」

小鼯鼠向小白兔學跑步。小白兔講了和烏龜賽跑的經驗，然後小鼯鼠跟著小白兔跑，很快便學會了。於是，小白兔又教牠和獵狗賽跑的辦法，小鼯鼠跑得上氣不接下氣，氣喘吁吁地說：「我已經贏過烏龜，再和獵狗賽跑就沒有必要了，不用學了！」

小鼯鼠又向小鴨子學划水，小鴨子先教牠在淺水裡打水，小鼯鼠學得很快。小鴨子又教牠潛水，小鼯鼠試了兩次，覺得喘不過氣，伸出腦袋說：「這不能學，再學就斷氣了！已經學會游泳，別的就不用學啦！」

小鼯鼠向小猴子學爬樹。小猴子教牠爬矮樹，小鼯鼠試了試覺得很有趣，小猴子又教牠爬高樹，在樹上「盪鞦韆」，小鼯鼠一看，頓時傻了眼，感覺這樣爬太危險，忙說：「我爬矮樹就行了，別的不用了！」

最後，小鼴鼠向老鼴鼠學打洞。老鼴鼠說：「這是我們看家、保命的本領，你要好好學啊！」小鼴鼠答應了。可是，洞越打越深，越來越難打，運土也很費力，累得小鼴鼠筋疲力盡，牠嘆了一口氣，偷偷地跑回家，再也不想學了。

鼴鼠媽媽問：「孩子，你出門一個月，學得怎麼樣啊？」

小鼴鼠驕傲地說：「媽媽，我學會了飛行、跑步、游泳、爬樹、打洞五種本領，學得不錯哩！」鼴鼠媽媽聽了也很高興。

小鼴鼠的本領究竟怎樣呢？在田野動物體育比賽大會上，牠在飛行、游泳、爬樹三項比賽中都得了倒數第一名，賽跑成績好一點，也只是超過了小烏龜和小鴨子。不幸的事情還等著牠！

一天夜裡，小鼴鼠到田裡偷花生，牠挖得兩串花生，拖著往回走，被值班的貓頭鷹發現了。小鼴鼠丟下花生就跑，好不容易鑽進了鼴鼠洞。可是洞挖得太淺，貓頭鷹用爪子抓了幾下，就把小鼴鼠給抓住了，可憐的小鼴鼠成了貓頭鷹的美味晚餐。

百樣通不如一樣精。蜻蜓點水、淺嚐則止式的學習，是很難做出什麼成績的。只有全身心地投入到學習之中，以實事求是的態度來掌握知識和技能，勇於付出，才會有所成就。華而不實、到處撒網，什麼事都想做，到頭來什麼事都不會做好。可憐的小鼯鼠什麼都想學，最後什麼也沒有學會。

陀螺與車輪

一天，一隻金色的陀螺滾到一隻烏黑的車輪旁邊。它踮起小小的腳尖問車輪：「喂，黑黑的大傢伙，你有什麼本事呀？」

「旋轉。」車輪答得很乾脆，「漂亮的小弟弟，聽說你的本事也是旋轉，對嗎？」

「對呀！」陀螺趾高氣揚，「我旋轉快飛快，堪稱世界第一。一分鐘能旋轉幾千次，一個鐘頭旋轉的次數，恐怕比天上的星星還要多哩！你呢？」陀螺用輕蔑的眼光看著車輪。

車輪說：「我嘛，一分鐘大約旋轉幾百次，一個鐘頭不過二萬多次。」

「俗話說：『不怕不識貨，只怕貨比貨』。看來，我比你強多了！」陀螺顯得目中無人。

車輪瞥了陀螺一眼，說：「孰多孰少，要看實質。」

「你這話是什麼意思？」陀螺疑惑不解地問。

車輪說：「就旋轉的速度而言，你旋轉快如閃電，我根本沒法跟你比。但是我旋轉一次，就前進一大步；不斷旋轉，就不斷前進。而你呢，儘管旋轉的速度很快，頻率很高，卻始終在原地打轉！」

做事不要痴迷於表面的華麗花哨，要看實質。陀螺的原地打轉，速度再快，也比不上一隻蝸牛走的路程。

天下第一畫師

從前，有一個國王，長得身高體壯，只是一隻眼睛是瞎的，一條腿是瘸的。一天，他召來三位有名的畫師給他畫像。

第一位畫師，把國王畫得雙目炯炯有神，兩腿粗壯有力，而且膀大腰圓，英俊威武。國王看過畫之後，氣憤地說道：「這是個善於逢迎的傢伙。」他叫衛兵把這位畫師推出去斬首。

第二位畫師，按照國王原來的樣子畫得逼真如實，國王看過畫像之後，又是一臉怒氣，說：「這叫什麼藝術！」叫衛士把這位畫師的頭也砍了。

輪到第三位畫師了。他把國王畫成正在打獵的樣子：手舉獵槍托在瘸腿上，一隻眼緊閉著瞄準前方。國王看了十分高興，獎勵給他一袋金子，讚譽他為「天下第一畫師」。

善於逢迎不行，逼真如實也不行，有沒有第三條路？

當然有，那就是：在原則允許的範圍內巧妙變通。

堅持再堅持

開學第一天，古希臘大哲學家蘇格拉底對學生們說：「今天我們只學一件最簡單也最容易做的事。每人把手臂盡量往前甩，然後再盡量往後甩。」說著，蘇格拉底示範做了一遍：「從今天開始，每天做三百下。大家能做到嗎？」

學生們都笑了。這麼簡單的事，有什麼做不到的？過了一個月，蘇格拉底問學生們：「每天甩手三百下，哪些同學堅持了？」有百分之九十的同學驕傲地舉起了手。又過了一個月，蘇格拉底又問，這回，堅持下來的學生只剩下八成。

一年過後，蘇格拉底再一次問大家：「請告訴我，最簡單的甩手運動，還有哪幾位同學堅持了？」這時，整個教室裡，只有一人舉起了手。這個學生就是後來成為古希臘另一位大哲學家的柏拉圖。

世間最容易的事是堅持，最難做的事也是堅持。說它容易，是因為只要願意做，人人都能做到；說它難，是因為真正能夠做到的，終究只是少數人。成功在於堅持，這是一個並不高深的祕訣，可是很多人卻很少想到它。

才華出眾的豬

很久以前，人們並不了解許多動物的專長，那時，一切動物都生活在山林裡。後來，人類經過千辛萬苦把牠們通通馴服了，才把牠們帶到自已居住的地方，並且決定讓牠們幫助人類做事。

因為不了解這些動物擅長做什麼工作，所以決定進行一次測驗，然後根據牠們各自的能力去安排牠們的工作。這場測驗就這樣開始了，許多動物都來了，有的是看熱鬧，有的則是誠心誠意的想參加。

第一項測驗是賽跑。人安排好了賽程和比賽的規矩後，就問牠們：「誰參加了這個項目比賽，請站出來？」

馬站出來，豬不甘示弱也站出來。比賽開始了，馬奮力地向前跑，豬也奮力地往前跑，但拐過山坡就鑽過了樹林。睡了一小覺之後，牠聽到有馬蹄聲，這才跑出樹林，和馬並排跑到了終點。

人們說：「豬那麼胖，居然和馬跑得一樣快，真不簡單。」

第二次比賽種地，人問：「誰願意參加這項比賽？」

牛走出隊列，豬也搖擺著自己肥胖的身體走了出來。

比賽開始了，牛精心細緻地耕地，豬卻在耍小聰明，牠在地上打了一個滾，弄了滿身泥，還故意對牛說：「加油，不要辜負了主人的細心照顧啊！」

人聽了豬的話，覺得心裡很舒服，於是心想：豬為人厚道，不但工作不怕髒，還關心別人，鼓勵別人，真難得！

結果這場測驗豬勝利了。

第三個比賽項目是唱歌，人說：「這項比賽誰參加？」

公雞蹦到人的面前，豬又來到人的面前表示要參加歌唱比賽。

比賽開始了。公雞高高地昂起頭，挺起胸，嘹亮的歌聲直衝雲霄。豬哪裡會唱歌，牠只會瞎哼哼，可是，牠自有辦法。每次公雞張嘴的時候，牠也跟著唱，公雞閉嘴的時

候，牠也趕緊閉嘴。這樣，居然騙過了眾人的耳目。人以為豬唱的很好，這場子比賽牠又贏了。

透過考察，人認為只有豬是全才，對豬十分重視和喜愛。

但是沒過多久豬就被人發現了。人讓豬去耕地，豬卻在地裡亂跑。人讓豬報曉，豬每天只會睡懶覺，太陽出來了才哼著爬起來。人要騎著豬出門趕集，結果豬把人甩在了地上。人這才知道豬什麼才能都沒有，只會騙人。

從此，人決定養豬隻為了吃肉。

故事裡，豬什麼都不會，卻因為牠的弄虛作假，被人們評定為全才。可是，當假相被揭穿，所謂的全才只不過是一個會騙人的笨豬時，牠的處境又是多麼的尷尬。欺騙只能得到一時的榮譽，一旦被識破，其處境必將十分尷尬。

當前，文憑造假、學術造假、職稱造假等現象大量存在，一些人矇混過關，進入高一級的領域，本身思想行為就很低劣，同時，社會強調的是持續創新發展能力，當一個人肚子裡面沒東西，頭腦裡面沒思想，行動時沒能力時，僅靠蒙人的假資歷在社會上混，終究是會被社會無情地淘汰的。

狼和猴子

動物園裡買回了兩隻小狼，由於牠們身體幼小，一時無處可放。一名飼養員突發奇想，竟將小狼關進了猴子的大籠子裡。小狼雖然很小，但牠畢竟是狼，所以開始的時候，牠們那尖牙利齒的樣子，嚇得猴子們尖聲怪叫，東躲西藏。

等小狼長大一點，可以對著猴子耍威風了，牠們跳起來，卻搆不著躲在籠頂上的猴子。兩隻漸漸長大的狼，儘管總是在跳，卻一直無法用自己尖利的牙齒咬住猴子。頭腦聰明的猴子，很快就發現了狼的這個弱點，就開始向狼發起進攻。牠們一有機會，就猛地跳下來，對著狼身上咬兩口，咬完就縱身一跳，跳到籠頂上躲起來。如此多次反覆，見狼無計可施，猴子的膽子也就壯大起來。牠們弄得兩隻狼無法安心吃睡，萬般無奈之下，兩隻狼只好向猴子「俯首稱臣」。

從此，遊客給的食物，狼休想得到，猴子心情煩躁的時候，就拿狼出氣，更有意思的是，待天冷了，猴子還要睡在狼的懷裡取暖。狼稍有不從，便會遭到猴子的毒打。有一隻狼的耳朵甚至都被揪裂了。

從猴子怕狼到狼怕猴子，說來奇怪，其實「祕密」很簡單。關鍵就在於猴子發現了

狼的弱點，並且避開了自己的弱點，狼改不掉自己的弱點，便只好在猴子面前變得跟小綿羊一樣逆來順受，軟弱可欺，以至於一開始怕牠的猴子，竟然敢在天冷的時候鑽到牠懷裡取暖。

在不少人的眼裡，女人身上帶著許多先天的弱點。但如果你知道以己之長擊對方之短，就能使你在強大的對手面前，立於不敗之地。

好懶的魚

在海洋裡，懶漢魚是有名的懶漢。他不愛活動，連游泳也不願自己出力氣，用頭頂上的一個吸盤吸在別人的身上，讓人家帶著他到處旅行。

鯊魚是海洋裡的惡霸，但懶漢魚卻很喜歡他。趁鯊魚不注意的時候，懶漢魚偷偷地鑽到鯊魚的肚子底下，一下把吸盤吸在鯊魚的肚皮上。鯊魚雖然不大樂意，但也拿他沒辦法。就這樣，懶漢魚不掏錢買票，就混上了「遊船」。鯊魚游到哪，就把他帶到哪；鯊魚吃剩的東西，就成了他的美餐。

過了一些日子，懶漢魚跟鯊魚跟膩了，抓住一個機會，他又吸到鯨魚的身上。不久，他覺得鯨魚沒意思了，瞅準時機，又換乘到海龜身上。懶漢魚就這樣換來換去，想乘哪條「船」就乘哪條「船」，不出力、不操心、不愁吃、不愁喝，日子過得比神仙還舒服。

海洋裡的動物們見懶漢魚這麼懶，都瞧不起他。懶漢魚卻一點也不感到不好意思，他說：「你們那麼勤快，也不見得比我過得好！」

一天，懶漢魚正想再換一條「船」乘乘，忽然看見一個自己從來沒有見過的東西在眼前晃動。他好奇地想，這東西好新鮮，讓我吸上它玩一玩。於是，他離開海龜，吸到了那個東西的上面。

可是，這回他失算了。那個東西原來是漁民放到海中用來引誘懶漢魚的。懶漢魚還沒有弄清是怎麼回事，就被漁民拉到了船上。

偶然中獎是可能的，但如果把買樂透當成事業來做是一點都不現實的。同樣，幸運也是會有的，但如果把幸運當成是命運就是大錯特錯。世上沒有免費的午餐，天上沒有白掉的餡餅。想不勞而獲是很愚蠢的。唯有努力了才能獲得成功，只有奮鬥了才能透過勝利的彼岸。

該死的馬釘

在集市上，有一個商人生意興隆，所有的貨物都銷售一空，他的口袋裡塞滿了金子和銀子。此刻他要回去了，想在天黑之前趕到家裡。於是他把裝有錢幣的旅行包拴在馬上，騎上馬出發了。

中午時分，他來到一座城裡歇腳；當他又要啟程趕路時，家僕把馬牽到他面前，說道：「老爺，馬的左後蹄的鐵掌上少了一枚釘子。」

「少就讓它少吧！」商人回答說，「我再走六個小時就行了，這點時間鐵掌不會掉的。我急著趕路。」

到了下午，商人又下了馬，讓家僕給馬餵點飼料；僕人來到他休息的小客房裡，說道：「老爺，您的馬左後蹄上的鐵掌掉了；我要不要牽去找鐵匠？」

「掉就讓它掉了吧！」主人回答說，「還有兩個小時就到了，這點時間這馬一定能堅持得住的。我還急著趕路呢。」

商人接著趕路，可是走了不久，那馬開始一瘸一拐地走；牠瘸了沒多長時間，開始跌跌撞撞地走；跌跌撞撞地走了沒多長時間，牠就倒下了，腿也折了。商人只好丟下馬，解下旅行袋扛到肩上，步行朝家裡走去，直到深更半夜才到家。

「真是倒了大楣，」商人自言自語道，「這都得怪那個該死的釘子！」

記得有個英格蘭民謠說過這樣一段話：

少了一個釘子，掉了一個馬掌。
掉了一個馬掌，倒了一匹戰馬。
倒了一匹戰馬，敗了一場戰役。
敗了一場戰役，丟了一個國家。

民謠講的是一個真實的故事——

查裡三世與亨利伯爵準備決一死戰，戰鬥的結果決定誰是英格蘭的統治者。在戰鬥開始之前，查裡三世的馬伕給查裡三世心愛的戰馬釘馬掌，由於少了一個釘子，馬掌沒有釘牢。在大戰中，馬掌掉了下來，於是戰馬就把查裡三世掀到了地上，他環顧四周，發現自己的士兵開始潰逃，而亨利伯爵的部隊則一步步地逼近。不久，查理三世的軍隊就土崩瓦解了，亨利伯爵的士兵輕而易舉地就抓住了查裡三世，戰鬥就這樣地結束了。

這不禁讓我們深深的思考：一個馬釘也許不足為奇，可是一個國家就這樣地白白喪

失了。一個馬釘可以被人忽略，可是正因為它而使國家滅亡。這與「千里之堤，潰於蟻穴」的道理是一樣的。生活中，這樣的因小失大的悲劇數不勝數。

在人生的旅途中，因為一些行為的不檢點，說了一句不該說的話，做了一件衝動的事，帶來終生遺憾的事也多有耳聞，這是「一失足成千古恨」的悲劇。

在企業中，由於某個環節失誤造成了破產、倒閉的後果更是不少見。這是「一著不慎，滿盤皆輸」的悲劇。

今天的我們常常因為做錯了一件小事不以為然，後來竟可能導致同事對自己信任的否定。

今天的我們因為浮躁而胡亂對付了一次工作計畫，其後會造成老闆的不信任而與升遷失之交臂。

……

這些讓人痛心的事實向我們敲響了警鐘：要注意細節！

可以說每個人都渴望一路走好，為了不讓自己「馬失前蹄」要記住一個馬掌的故事。順便問一問自己：今天我們是否也少了一個「馬釘」？

跳蚤已不會跳

科學家把跳蚤放在桌上，一拍桌子，跳蚤迅速跳起，跳起高度均在其身高的一百倍以上，堪稱世界上跳得最高的動物。

然後，科學家在跳蚤頭上罩一個玻璃罩，再讓牠跳。這一次跳蚤碰到了玻璃罩。連續多次後，跳蚤改變了起跳高度以適應環境，每次跳躍總保持在罩頂以下高度。接下來逐漸降低玻璃罩的高度，跳蚤每次都在碰壁後主動改變自己的高度。最後，玻璃罩接近桌面，這時跳蚤已無法再跳了。科學家於是把玻璃罩打開，再拍桌子，跳蚤已不會跳，變成「爬蚤」了。

跳蚤變成「爬蚤」，並非牠已喪失了跳躍的能力，而是由於一次次受挫學乖了，習慣了，麻木了。最可悲之處就在於，實際上的玻璃罩已經不存在，牠卻連「再試一次」的勇氣都沒有。玻璃罩已經罩在潛意識裡，罩在了心靈上。行動的慾望和潛能被自己扼殺！科學家把這種現象叫做「自我設限」。

在我們的成長道路上，挫折與打擊是難免的，無形的「玻璃罩」將我們的撞得頭破血流。一次又一次的流血、流淚，是否讓你喪失了信心和勇氣？是否讓你漸漸養成了懦弱、猶疑、狹隘、自卑、孤僻、害怕承擔責任、不思進取、不敢奮鬥的精神？

再試一次，就像愛迪生發明燈泡那樣，也許成功就在一萬零一次！

哲學家的助手

有這樣一個故事，說的是古希臘的一位大哲學家在臨終前有一個不小的遺憾——他多年的得力助手，居然在半年多的時間裡沒能給他尋找到一個最優秀的閉門弟子。

事情是這樣的：這位哲人在風燭殘年之際，知道自己時日不多了，就想考驗和點化一下他的那位平時看來很不錯的助手。他把助手叫到床前說：「我的蠟所剩不多了，得找另一根蠟接著點下去，你明白我的意思嗎？」

「明白，」那位助手趕忙說，「您的思想光輝是得很好地傳承下去……」

「可是，」哲人慢悠悠地說，「我需要一位最優秀的承傳者，他不但要有相當的智慧，還必須有充分的信心和非凡的勇氣……這樣的人選直到目前我還未見到，你幫我尋找和挖掘一位好嗎？」

「好的，好的。」助手很溫順很尊重地說，「我一定竭盡全力地去尋找，以不辜負您的栽培和信任。」哲人笑了笑，沒再說什麼。

那位忠誠而勤奮的助手，不辭辛勞地透過各種渠道開始四處尋找了。可他領來一位又一位，都被哲人一一婉言謝絕了。某一次，當那位助手再次無功而返地回到哲人病床前時，病如膏肓的哲人硬撐著坐起來，撫著那位助手的肩膀說：「真是辛苦你了，不過，你找來的那些人，其實還不如你……」

「我一定加倍努力，」助手言辭懇切地說，「找遍城鄉各地、找遍五湖四海，我也要把最優秀的人選挖掘出來，舉薦給您。」哲人笑笑，不再說話。

半年之後，哲人眼看就要告別人世，最優秀的人選還是沒有眉目。助手非常慚愧，淚流滿面地坐在病床邊，語氣沉重他說：「我真對不起您，令您失望了！」

「失望的是我，對不起的卻是你自己。」哲人說到這裡，很失意地閉上了眼睛，停頓了許久，才又不無哀怨地說：「本來，最優秀的就是你自己，只是你不敢相信自己，才把自己給忽略、給耽誤、給丟失了……其實，每個人都是最優秀的，差別就在於如何了解自己、如何發掘和重用自己……」話沒說完，一代哲人就永遠離開了他曾經深切關注著的這個世界。那位助手非常後悔，甚至後悔、自責了整個後半生。

為了不重蹈那位助手的覆轍，每個嚮往成功、不甘沉淪的職場女性，都應該牢記一位哲人說過的這樣一句至理名言：「每個人都有大於自身的力量。不是因為有些事情難以做到我們才失去自信，而是因為我們失去了自信，有些事情才顯得難以做到。」我們每個人其實就是一座金礦，關鍵是看如何發掘自己。

相信自己行，才能大膽嘗試，接受挑戰。為此，我們要在回憶過去成功的經歷中體驗信心。同時，更要多做，力爭把事情做成，從中受到更多的鼓舞。在嘗試中，會有些失敗和錯誤。如果我們相信愛迪生所說的「沒有失敗，只有離成功更進一點」，那麼，對於前進過程中的問題、困難乃至失敗，就能看的淡一點，從容應對，把注意力集中到完成任務上，不斷增強實力。而實力，才是撐起信心的最重要支柱。

人需要勤奮，但更需要自信，尤其是在職場中處於劣勢的女性。只有充滿自信，才能開掘智慧，激發力量，在人生的征途上健步如飛。

糞金龜的哲學

草地上，一隻糞金龜推著一個糞球，急急忙忙往家裡趕。雖然草地高低不平，但這隻糞金龜毫不在意，牠推的速度比自己的同類要快的多，顯然，這隻糞金龜是快樂的。

在糞金龜回家的必經之路上，一根伸到路面上的荊刺特別顯眼，這根荊刺上有根尖尖的刺，牠就成了這條路上的攔路虎。糞金龜沒有發現危險，牠依舊專心地、快樂地推著糞球，前進、前進……

也許是冥冥之中的安排，不偏不倚，糞金龜推的那個糞球，一下子扎在那根刺上。

但是，糞金龜好像並沒有發現自己已陷入困境。糞金龜正面推了一下子，不見動靜，牠又反向推，還是不見效。糞金龜還推走周圍的土塊，試圖從側面用力——該想的辦法牠都想到了，但糞球依舊深深地扎在那根刺上，沒有如何出來的跡象。

這時，一位過路的人剛好看到了這一切，他不禁為糞金龜的鍥而不捨好笑，因為對於這樣一隻卑小而智力低微的動物來說，實在是不能解決好這麼大的一個「難題」的。

就在這個路人暗自嘲笑牠，並等著看牠失敗之後如何沮喪離去時，糞金龜突然繞到了糞球的另一面，只輕輕一頂，咕嚕——頑固的糞球便從那根刺裡「脫身」出來。

糞金龜贏了！

沒有勝利之後的歡呼，也沒有衝出困境後的萬千感慨。贏了之後的糞金龜，就像剛才什麼也沒有發生過一樣，牠幾乎沒有做如何停留，便又推著糞球急匆匆地去了。

這個路人怔住了，他突然悟出自己在某些方面並不如糞金龜。比如自己一陷入困境，就牢騷滿腹，一旦小有成就，就會到處歡呼，而糞金龜則受挫不驚，解困後不喜，或許，這也是一種大智慧！

人生路上的門檻

一座泥像立在路邊，歷經著風吹雨打。

他多麼想找個地方避避風雨，然而他動彈不得，更無法呼喊。他太羨慕人類了，他覺得做一個人真好，可以無憂無慮、自由自在地到處奔跑。他決定抓住一切機會，向人類呼救。

這天，一位長髯老者路過此地，泥像用他獨有的神情向老人發出呼救。「老人家，請讓我變成個人吧！」泥像說。長髯老者看了看泥像，微微笑了笑，然後長袖一揮，泥像立刻變成了一個活生生地年輕人。

「你要想變成個人可以，但是你須先跟我試走一下人生之路，假如你承受不了人生的痛苦，我馬上把你還原。」老者說。於是，年輕人跟隨老者來到了一個懸崖邊。

只見兩座懸崖遙遙相對，此崖為「生」，彼崖為「死」，中間有由一條長長的鐵索橋連接著。而這座鐵索橋，又由一個一個大大小小的鐵鏈環組成。

「現在，請你從此岸走到彼岸吧！」老者長袖一拂，年輕人已經來到了鐵索橋上。

年輕人戰戰兢兢，踩著一個個大小不同鏈環的邊緣小心的前進著，然而，腳下一滑，一下子跌進了一個鏈環之中，頓時兩腳懸空，胸部也被鏈環死死的卡主，幾乎透不過氣來。

「啊！好痛啊！快救命啊！」年輕人揮動雙臂，大聲喊救命。

「請君自救吧！在這條路上，能夠救你你的，只有你自己」長髯老者微笑著說。

年輕人得不到幫助，拚命扭動著身軀，奮力掙扎，好不容易才從這痛苦的鐵環中掙扎出來。「這是什麼鐵環，為什麼卡的我如此痛苦？」年輕人憤憤道。「它叫名利之環。」腳下的鐵鏈答道。

年輕人繼續朝前走。忽然，隱約間，一個絕色美女朝年輕人嫣然一笑，然後飄然離去，不見蹤影。年輕人這一走神，腳下一滑，又跌入一個環中，被死死卡主。

「救……救命啊！好痛啊！」年輕人忍不住的再次求救。可是四周一片寂靜，沒有人回應他，也沒一個人來救他。這時，悵然老者再次出現，對他微笑著，緩緩道：「這條路上沒有人可以救你，你只有自救。」

無奈又無助，年輕人拚盡全力，又從這個環中掙扎了出來。他已經精疲力竭，他小心的坐在兩個鏈環間小憩。「剛才這又是什麼環呢」年輕人在思索。「它叫美色鏈環。」腳下的鐵鏈答道。

經過一陣休息，年輕人頓覺神清氣爽，心中充滿了幸福愉快的感覺。他在為自己努力從鏈環中掙扎出來而慶幸。

年輕人繼續趕路。然而料想不到的是，他接著又掉進了貪慾鏈環、嫉妒鏈環、仇恨鏈環……待他從這一個個痛苦的連環之中掙扎出來，年輕人已經完全疲憊的不成樣子。抬頭望去，前面還有漫長的一段路，他再也沒有勇氣走下去了。

「老人家！老人家！我不想再走人生之路了，你還是讓我回到從前吧！」年輕人痛苦的呼喚著。長髯老者再次出現，他長袖一揮，年輕人回到了路邊。

「人生雖然有許多的痛苦，但也有戰勝痛苦之後的歡樂和輕鬆，你難道真的放棄人生嗎？」長髯老者問道。

「人生之路痛苦太多，歡樂跟愉快太短暫太少了，我決定放棄人生，還做我的泥像」年輕人毫不猶豫的回答。

「人生之路是一個機會，是你改變泥像命運唯一的一次機會……既如此，好吧！」長髯老者欲言又止！

「我就作泥像！」年輕人不假思索的說。

這時，長髯老者平靜的又仔細看了年輕人一眼。只見長髯老者長袖一揮，年輕人又還原為一尊泥像。

「我又可以在這裡看風景了，也很不錯嘛，我從此再也不必遭受人世間的痛苦了！」泥像這樣想著。

然而不久，一場大雨襲來泥像當場便被雨水沖成了一堆爛泥……

人生雖說短短數十載，卻是一路風風雨雨相伴，磕磕絆絆不斷。有風險，也有誘惑，有苦難，也有悲歌。人的一生需要邁過的門檻很多，稍不留神就會栽在其中一道檻上。能真正的堅持走下來，等年老的時候回首往昔，能夠不因碌碌無為而羞恥，不因虛度年華而悔恨；那麼，這一生，就是無悔的人生。

第五章　乖巧女人的處世哲學

經常聽到有人在網路上哀嘆：做人難，做女人更難，做個好女人更是難上加難！

難在何處？請看——

「女人這輩子很難：漂亮一點，太顯眼，不夠漂亮，拿不出手；學問高了，沒人敢娶，學問低了，沒人想要；活潑外向，說你招蜂引蝶，矜持內向，說你裝腔作勢；會打扮，說你是妖精，不會打扮，說你沒女人味；自已賺錢，男人望而卻步，靠男人養，說你拜金；生孩子，怕被老闆炒魷魚，不生孩子，怕被老公炒魷魚。」

硬幣有兩面。喊難固然有其道理，但如果我們能發揮女人天性中溫柔、隱忍和善於包容的特性，充分發揮自身的這些優勢，也能在社會上左右逢源、笑傲江湖。

給自己一面鏡子

紐約有一棟摩天大樓的老闆，每個月都為昂貴的電梯修理費苦惱，因為樓很高，電梯不是一叫就來，乘客往往等得不耐煩，一直連續按鈕，所以電梯鈕壞得很快。

人們雖然看見電梯鈕已經亮了，還是要再按一下才安心，好像別人按的都不算，非得自己的「魔術指」按一下，電梯才會來。這個老闆在電梯旁貼很多告示，都沒有效，最後他貼出懸賞，若有人能使乘客改變習慣，給與厚獎。

結果一名心理學家在電梯門上裝了一片大鏡子，輕易解決了問題。因為鏡子使乘客看見自己的猴急樣，只要一站到鏡子前，立刻變有禮貌了，原先熙熙攘攘的人群，在鏡子前都成了紳士、淑女，耐心等待電梯，這就是鏡子的妙用。

人類在進化中給自己留下了一個難題：兩隻眼睛用來看別人，自己是看不到自己的。為了看清自己，人類發明了鏡子。

對鏡子的作用，著名的皇帝唐太宗李世民做出了這樣的評價「以銅為鏡，可以正衣冠，以古為鏡，可以見興替，以人為鏡，可以知得失。」話中深意，非常耐人尋味。

其實很多時候，很多人不是故意要做出某些惡形惡狀，只是不知自己這樣做是什麼樣子，苦於不自知而已。因此，多給自己一面鏡子。以有道德的前人和今人，以你身邊有素養的人作為你的鏡子，得閒時多照照自己，說不定就可照亮你的人生。

好心的牛

牛和驢是一對很好的朋友。一天，牠們相約同去牧場吃草。

路上，牛不停地提醒害了眼病的驢：「小心！前面有水坑，小心溼了腳。」「右邊有溝，靠左邊走，提防摔斷腿。」

走著走著，來到懸崖邊，牛又提醒驢道：「千萬小心，右邊是懸崖，摔下去可就沒命了。」

驢一聽，非常生氣，指責牛道：「幹嘛老說這些不吉利的話呢？是不是見我眼不好使看我笑話啊？以後不准你再說了！」

當第二天他們又走到懸崖旁時，牛欲言又止，繼續前進。忽然，牛聽到「嗵」的一聲。回頭一看，驢掉下了懸崖，轉眼間就變成了肉醬。

看到這裡，也許你會說，牛的好心被當成了驢肝肺！好心的提醒卻換來了驢的一頓抱怨，諱疾忌醫讓驢嘗到了自己種下的苦果。

誠然，驢的衝動葬送了自己的性命，但仔細想一想，牛難道就沒有一點責任嗎？不否認牛說的是實話，而且是大實話，但有時候過於直白的話語雖然說的是實事卻是讓人忌諱的。

比如說大學同學十年沒見，舉行一次同學聚會。大家見面了，甲同學看到乙同學變得很蒼老了，馬上就說：「乙同學，十年不見，你變這麼蒼老了。」此時，乙同學的心情可以想像。

她肯定會想，我老嗎？你才老呢！其實，甲同學說的話完全符合事實，乙同學的確比較蒼老。但是為什麼甲同學說出事實，乙同學會生氣呢？原因很簡單：甲同學口無遮攔。

俗話說：病從口入，禍從口出，說話有講究，開口細思量。說話不但要說得有學問、有藝術、有技巧；還得看時間、看地點、看對象……。俗語有云：飯可以隨意吃，話不能隨意講。這是在告誡我們，開口之前必須細細思量，哪些話能說，哪些話卻是萬萬說不得。波斯有句格言：「槍傷或許還可以治療，唇舌造成的傷口卻永不癒合。」足見言語的力量是如何巨大。

女人天性愛說話，這不是什麼缺點，但說話的時候能有點技巧，那你的魅力值就會直線升高。

貓頭鷹搬家

貓頭鷹急促而忙碌地在樹林裡飛著。一旁的斑鳩好奇地問：「老兄，你究竟在忙什麼？」貓頭鷹氣喘吁吁地回答：「我在忙著搬家。」斑鳩疑惑不解地再問：「這樹林不

是你的老家嗎？你為什麼還要再遷移搬家呢？」此時，貓頭鷹嘆著氣說：「在這個樹林裡，我實在住不下去了，這裡的人都討厭我的叫聲。」

斑鳩帶著同情的口氣說：「你唱歌的聲音實在聒噪，令人不敢恭維，尤其是晚上更是擾人清夢，所以大家都把你當做討厭的人物。其實，你只要把聲音改變一下，或者在晚上閉上嘴巴不要唱歌，在這林子裡，你還是可以住下來的。如果你不改變自己的叫聲或夜晚唱歌的習慣，即使搬到另外一個地方，那裡的人還是照樣會討厭你的。」

很多職場女性常常抱怨，都是環境或別人對自己不好，所以就想藉著換個環境，或結交新的朋友，來改變目前尷尬的處境。但是卻很少反省自己，人際關係的不順暢或職場的不如意，究竟是自己的因素還是別人的因素所造成的。如果原因是出自自身的話，唯有改變自己才能讓問題迎刃而解。否則，不斷地轉換工作或認識新朋友只能是對生命的浪費，對問題的解決沒有卻絲毫的裨益。

無妄之災

一天黃昏，在一個小河邊，黃雀、蚊子，還有醬蛆不約而同地散步，走在了一起。三個便在河邊的大樹下聊起天來。

黃雀很喜歡炫耀，趁這個機會，牠「唧唧喳喳」地說起來了：「不是我誇口，我生活的真夠瀟灑了。平時，自由自在地飛行，有得吃，有得喝，每年糧食一成熟，那些種莊稼的人家還沒有嘗到新糧食的味道，我早就先吃到嘴裡邊了。」

蚊子也不示弱，黃雀一住嘴，牠便「嗡嗡」開了：「吃得新糧有什麼稀罕？我吃的可是營養豐富的血，而且，想吃什麼人的血就吃什麼人的血，為了這口福，我什麼地方沒去過，這你們誰都比不了。」

醬蛆看牠們兩個各自顯示自己有能耐，牠在一旁也不服輸：「你們都以為自己最有本事，可是你們根本沒想過，那不過是個人生活習慣和生活環境不同罷了。比如我，每當醬熟透了的時候，還不是我先嘗鮮。你們只顧吹自己吃新糧，喝鮮血，那是因為我們大家口味不同。黃雀，如果給你鮮血，你能喝嗎？蚊子，如果給你糧食，你能吃嗎？依我看，最香的還是新醬呢！」

「說的有道理！」不知誰插了一嘴。

牠們三個回頭一看，原來是水裡的老鱉在插話。

老鱉在水裡已經聽了好一會了，實在忍不住，便插了一嘴。這時，老鱉索性搖搖擺擺地爬上岸來，走到牠們身邊說：「黃雀只知道說吃新糧的驕傲事，怎麼不提挨打的事，不是常有孩子拿彈弓打你們嗎？還有蚊子，你只是說你能去千家萬戶，喝很多人的血，聽起來你真是夠神氣的了，可怎麼沒聽見你說很多次差點被拍死的險況呢？至於醬蛆就更不用吹牛了，人們每次打醬的時候，你們就無處躲，無處藏，至於你至今還好好的活著純粹是個僥倖，還炫耀什麼呀！」

正說著，一個人走過來，黃雀、蚊子慌忙飛走了，醬蛆也躲進一片落葉底下，老鱉卻沒有逃脫掉。

在這裡，大家都在為自己辯護，誇耀自己的長處，揭斥別人的短處，長自己的志氣，滅別人的威風，為什麼就沒有人想到要取長補短呢？老鱉出來把所有人都揭了一遍短，而牠自己就是完美的嗎？

愛的接力

在一條鄉間公路上，喬依開著那輛破汽車慢慢地顛簸著往前走。已是黃昏了，伴隨著寒風，雪花紛紛揚揚地飄落下來。飛舞的雪花鑽進破舊的汽車，他不禁打了幾個寒顫。這條路上幾乎看不見汽車，更沒有人影。喬依工作的工廠在前不久倒閉了，他的心裡非常淒涼。

前面的路邊上好像有什麼。喬依定睛一看，是一輛車。走進時，喬依才發現車旁還有一位身材矮小的老婦人，她滿臉皺紋，在冷風中微微發抖。看見臉上帶著微笑的喬依，她反倒緊張地閉上了眼睛。

喬依很理解她的感受，趕緊安慰她說：「請別害怕，夫人，您怎麼不待在車裡？裡面暖和些。對了，我叫喬依。」

原來她的車胎破了，喬依讓她坐進車裡，自己爬進她的車底下找一塊地方放置千斤頂。他的腳腕被蹭破了，因為他沒穿襪子。為了工作方便，他摘下了破手套，兩隻手凍得幾乎沒有知覺。他喘著粗氣，清水鼻涕也流下來了，呼出的一點點熱氣才使臉上的各種水分沒有凍上。他的手蹭破了，也顧不上擦流出的血。當他結束工作，兩隻手上沾滿

了油汙，衣服也更髒了。

喬依扣上那車的後備箱時，老婦女搖下車窗，滿臉感激地告訴他說，她在這個荒無人煙地地方已經等了一個多小時了，她又冷又怕，幾乎完全絕望了。老夫人一邊打開錢包一邊問：「我該給你多少錢？」

喬依愣住了，他從沒想到他應該得到錢的回報。她以前在困難的時候也常常得到別人的幫助，所以他從來就認為幫助有困難的人是一件天經地義的事，他一直就是這麼做的。

喬依笑著對老婦人說：「如果您與上一個需要幫助的人，就給他一點幫助吧！」

喬依看著老婦人的車開走以後，才啟動了自己的破汽車。

老婦人沿著山路開了幾公里，來到了一個小餐館，她打算吃點東西，然後回家。餐館裡面十分破舊，光線昏暗。店長是一位年輕的女人，她熱情地送上一條雪白的毛巾，讓老婦人擦乾頭髮上的雪水。老婦人感到心裡很舒服。她發現這位女店長的臉上雖然帶著甜甜的微笑，可掩蓋不住她極度的疲勞。更重要的是，她懷孕至少八個月了，儘管如此，她還是忙來忙去地為老婦人端茶送飯。老婦人突然想起了喬依。

老婦人用完餐，付了錢。當女店長把找回的錢交給她時，發現她已經不在了。只見餐桌上有一個小紙包，打開紙包，裡面裝著一些錢。餐桌上還留有一張紙條，上面寫著：「在我困難的時候，有人幫助了我。現在我也想幫幫你。」女店長不禁潸然淚下。

她關上店門，走進裡屋，發現丈夫不知什麼時候已經倒在床上睡著了。她不忍心叫醒他。他為了找工作，已經快急瘋了。她輕輕地親吻著丈夫那粗糙的臉頰，喃喃地說：「一切都會好起來的，親愛的，喬依……」

喬依醒來後，妻子告訴他說：「喬依，今天餐館裡來了一個老婦人，她看上去非常疲勞。她吃完飯後，等我把零錢找給她時，她已經不知去向了，她留下了一張紙條」說著妻子把紙條掏出給喬依看，「這張就是老婦人留下的紙條，當時裡面還包著一些錢。」喬依看完了紙條後，不禁想起今天自己所幫助的老婦人，喬依問道：「你還記得她長什麼樣？」妻子想了想說：「她矮矮胖胖，滿臉皺紋的臉上洋溢著淡淡的微笑。雖然她看上去和弱小，但是她幫助了我們。」喬依聽了以後，笑了，他對妻子說：「親愛的，世界上有那麼多的好人，我們一定會得到他們的關心與幫助的，所以我們會幸福的，以後我們也要幫助更多的人，讓他們獲得幸福。」妻子笑著點了點頭。

孟子有曰：人之初，性本善。善良是本性，愛可以傳染。捧得一顆心去愛，不帶半根草離去。這就是愛的境界。真是有了愛，我們才戰勝了SARS的肆虐、戰勝了冰雪災害的破壞、戰勝了地震後的恐懼，有決心面對未知的未來。就像歌裡唱的那樣「如果人人都獻出一點愛，世界將變成美好的明天。」

為什麼要謝我

森林裡來了一個乞丐。他形容枯槁，渾身還散發著一股異味，人人見而厭之，唯恐避之不及，實在躲避不及的，只好給他一點錢，快快打發他走。

當乞丐走到一個小孩面前，小孩翻遍身上的口袋，抱歉地說：「對不起，我跟你一樣的窮。」

沒想到乞丐卻緊緊握著他的手，連聲稱謝。小孩不解地問媽媽：「奇怪，我什麼都沒給他，他為什麼要謝我？」

「不，孩子，」媽媽說，「你給了他最好的——友誼和尊嚴。」

人無論富貴與否，人格與尊嚴都是自身最應該珍重的。尊重對方，給別人友誼和尊嚴，有時比給金銀財富更讓人感動。聰明的女人如果知道了這一點，一定能在社會上如魚得水、左右逢源。

男孩和回音

一個小男孩受到母親的責備，出於一時的氣憤，就跑出房屋，來到山邊，並對著山谷喊道：「我恨你，我恨你，我恨你。」

接著從山谷傳來回音：「我恨你，我恨你，我恨你。」

這個小男孩很吃驚，百思不得其解。

過了不久，他的氣消了，想起了母親對自己的關懷，心裡就很後悔，於是他又對著山谷喊道：「我愛你，我愛你。」

而這次他卻發現，有一個友好的聲音在山谷裡回答：「我愛你，我愛你。」

生命就像一種回聲，你送出什麼它就送回什麼，你播種什麼就收穫什麼，你給予它什麼就會得到什麼。

你有這樣的體會嗎？這個社會上有一種人，在他看來彷彿所有人都在與他為敵，因此他對待別人也總是凶巴巴的、惡狠狠的，或者從來就不將別人當人，只是當作他人生旅程上一種工具。這種人不論他有多大的本事，最終還是會遭到人們的唾棄。

人就應該有愛心，友善地對待每一個人，這也正是成功者的人生準則。

何必要多樹立仇敵呢？友善從一開始就會使你顯得大度、姿態高雅，就會使你生活天地無比遼闊。如果別人對不住你，你還以友善待他，他自會對你有負疚感，說不定以後還會加倍補償給你，這正是做聰明人的方法。

我們要學會理解人、諒解人。憤怒和暴力只是外在的力度，只有友善才能感發人性的光輝部分，才能真正深入人的心靈。

心理學中有一條規律：我們對別人所表現出來的態度和行為，別人往往會對我們做出同樣方式的反應和回答。

在與人打交道時，我們常常會發現我們自己的待人態度會在別人對我們的態度中反射回來。就如同你站在一面鏡子前，你笑時，鏡子裡的人也會笑；你皺眉，鏡子裡的人也皺眉；你叫喊，鏡子裡的人也對你叫喊。幾乎很少有人認知到這條心理學的規律是多麼的重要和多麼的具有預測性。

實際上，如果你事先就確認某人難以對付，你很可能會用多少帶有一些敵意的方式去接近他，在心中握緊拳頭去準備戰鬥。其實當你這樣做時，你簡直就是設置了個舞臺讓他去表演，他也就被逼扮演了你為他設計好的角色。而如果你事先認為某個人是友好的，同樣，你就會用友好的方式去待他，在你的感染下，他自然也以友好的方式待你。

請記住你的大多數敵人正是你自己造成的，友善才會使你的朋友遍天下，使你的特質昇華，生命充滿歡樂。

多疑的烏龜

大烏龜和小烏龜在一起喝酒。大烏龜喝完自己的一份後，就對小烏龜說：「你去外面幫我拿一下酒。」

小烏龜剛走兩步，就不走了，回頭說：「你肯定是支走我出去後，要把我的酒喝掉！」

「這怎麼可能？你是在幫助我啊！」

經大烏龜一再保證，小烏龜同意了。

一個小時過去了，大烏龜耐心等著……兩個小時過去了，小烏龜還沒有來……

三個小時過去了，小烏龜仍然未見回來。這時，大烏龜想：「小烏龜肯定不會回來了。牠一個人在外面喝酒。怎麼會回來呢？我乾脆把牠這一份喝了！」

大烏龜剛端起小烏龜的酒杯，小烏龜就像從天而降地站在大烏龜面前。小烏龜氣衝衝地說：

「我早就知道，你要喝我的酒！」

「你怎麼會知道呢？」大烏龜尷尬而不解地問。

「哼！」小烏龜氣憤地說，「我在門外已經站了三個小時了！」

這就是消極論斷，驗證自我，根據自己的猜疑、臆測，主動尋找支持消極心態的理由和證據。

在現實生活中，這樣的事隨時隨地都在發生，而我們往往不以為意。比如聽說有人打自己的小報告啦，首先就會懷疑某人（消極論斷別人），然後觀察、監視，越看越像（驗證自我），你會發現那個「嫌疑」人說話走路都與以前不同了（實際是自我心態在作祟，是自己的精神、眼光、動作與以前不同了），還會進一步驗證，「當然啦！他昨天與我對面走過，連頭都不敢抬。他在躲我，肯定是做賊心虛了！」而結果往往是自己錯的時候多。

「猜疑之心猶如蝙蝠，牠總是在黑暗中起飛」，歐洲文藝復興時期的偉大詩人但丁就曾如是說。猜疑之心令人迷惑，亂人心智，甚至有時使你辨不清敵與友的面孔，混淆了是與非的界線，使自己的家庭和事業遭受無端的損害和失敗。

本來對你懷有好感，或曾經還是好友，你卻以對方的某一句無意識的話、某一細小的無意識的動作或一個眼神，便懷疑別人在暗中算計你，在議論你、說你壞話，從而對他生出偏見，或中斷與他的交往，斷絕與他的友誼。生活中這類例子不勝枚舉。例如，把一對男女的一次極為正常的交往，猜疑為偷情；也有的人把別的女人給自己丈夫的電話都疑為曖昧；如果沒有任何把柄，就疑為精神戀愛等等，不一而足。

沒有幾個人願意與一個好猜疑別人的人交往。大家都害怕引出一些無端的麻煩，大多對他避而遠之。故喜好猜疑者多為孤獨者，而這種孤獨卻不是哲學家高雅的孤獨，而是被很多人視為「小人」而不願與其往來的「孤獨」。那是處在得不到別人幫助的一種孤獨，一種卑賤的孤獨。

某大學曾對三千兩百名男女生進行問卷調查，其中有一個問題是「在生活中，你最害怕什麼？」有兩千八百多名學生回答是：「怕別人在背後議論自己。」如此高的比例，說明了一個道理，大多數年輕人總是猜疑別人對自己的看法。其實這反過來講，就是這些年輕人在社會交往中又總是對別人有疑心。

有這種猜疑心理的人自然而然地對別人總是抱有不信任態度，認為人都是自私的，人生帶有很大的虛偽性，因而很難有什麼信任度可言。於是在這種心理的作用下，總以一種懷疑的眼光看人，對人存有戒心，自己不肯講真話，戴著假面具與人交往。這種心

理實際上是不可能交到摯友的，往往會自囿於自己製造的灰色眼鏡之中。因此，疑心是交友的大敵，它會使雙方之間經常處於懷疑他人的緊張戒備狀態，自我防範猶恐不及，哪裡還有精力和心思去增進相互了解。

相信別人，相信自己，相信這個世界，走出神經質和絕對化的陰影，這樣你才會擁有輕鬆快樂的心情，你才會擁有和諧完美的人生。

驕傲的橄欖樹

從前有一棵橄欖樹和一茬蘆葦，他們互為鄰居。

橄欖樹長得又高又大，密密叢叢的葉子，四季常青，纍纍果實每兩年就要掛滿一次枝頭。

蘆葦則長得瘦長而單薄，狹窄的葉子碧綠，開的花一串串的，形似紡錘，看上去既不漂亮也不奇特。

「你在我面前算得了什麼呢？」橄欖樹很傲慢，常常這樣譏笑蘆葦，「我身材高大、強壯，受到人類的尊敬，而你卻那麼瘦弱，無論遇到什麼風，你總是低頭哈腰，彷彿對他們頂禮膜拜似的。我真不明白，你居然有勇氣生長在我的身旁！」

可憐的蘆葦天生害羞，聽了橄欖樹的冷嘲熱諷，從不吭聲，也不氣惱，因為她確實沒有什麼可以引以為豪的。

寒冬的一天，北風狂嘯怒號，發瘋似地搖撼著不屈的橄欖樹，結果，驕傲的橄欖樹被連根拔起。而蘆葦則機靈得多，她連忙彎下苗條的身材，垂向水面，讓狂風從她上方掠過，而不傷害自己的軀體。

狂風終於停止了，橄欖樹奄奄一息地躺在地上，再也站不起來了。可蘆葦卻又挺直了身子，同以前一樣亭亭玉立。

因為蘆葦懂得在自己沒有力量抵抗的時候要低下自己的頭，橄欖樹則為自己的驕傲付出了生命。

人生在世會遇到各種各樣的險境，驕傲自大可能是最可怕的一種。身處險峰卻以為可以高視闊步，只謂天風爽，不見峽谷深。這正是人們驕傲時的典型情境。其實，只要腳下的某塊石頭一鬆動，就有墜入深淵的危險，而那些不可一世的英雄卻全然不覺，兀自陶醉於「一覽眾山小」的壯景豪情中。殊不知正是這種時候，腳下鬆動的石頭是最容易致人於萬丈深淵之中。

古人有「滿招損、謙受益」的箴言，忠告世人要虛懷若谷，對人對事的態度不可驕狂，否則就會使自己處在四面楚歌之中，被世人譏誚和瞧不起。

所有驕傲的人都認為，自己有學位、有能力或有功勞；而謙遜的人卻總是說：我還差得很遠。驕傲者真的有其驕傲的資本，而謙遜者真的差得很遠嗎？這真是一個耐人尋味的問題。

事實上，驕傲者雖然往往有一定的學位，但他驕傲的真正原因絕不是學位，而是無知。同樣，謙遜的真正原因也不是他差得很遠，而是他的確不比別人差。謙遜與驕傲的原因全在於一個人的總體修養如何，而不在於是否多讀了幾本書、多做了幾件事。

古希臘哲學家蘇格拉底曾說：「謙遜是藏於土中甜美的根，所有崇高的美德由此發芽滋長。」日本著名的企業家松下幸之助在談人生時用了盲人走路的比喻，他說：「盲人的眼睛雖然看不見，卻很少受傷。反倒是眼睛好的人動不動就跌倒或撞到東西，這都是自恃眼睛看得見，而疏忽大意所致。盲人走路非常小心，一步步摸索著前進，腳步穩重，精神貫注，像這麼穩重的走路方式，明眼人常常是做不到的。人的一生中，若不希望自己莫名其妙地受傷或挫敗，那麼，盲人走路的方式，就頗值得引為借鑑。」前途莫測，大家最好還是不要太莽撞才好。

謙遜是人們應該恪守的一種平衡關係，它能使周圍的人在對自己的認同上達到一種心理的平衡，讓別人不感到卑下和失落。非但如此，有時還能讓別人感到高貴，感到比其他人強，即產生任何人都希望獲得的所謂優越感。

所以，謙遜的人不但不會受到別人的排斥，甚至會非常容易得到社會和團體接納和認同。

掃點陽光進來

有一對兄弟，年齡不過四、五歲，由於臥室的窗戶整天都是密閉著，他們認為屋內太陰暗，看見外面燦爛的陽光，覺得十分羨慕。兄弟兩人就商量說：「我們可以一起把外面的陽光掃一點進來。」於是，兄弟兩人拿著掃帚和畚箕，到陽臺上去掃陽光。等到他們把畚箕搬到房間裡的時候，裡面的陽光就沒有了。這樣一而再再而三地掃了許多次，屋內還是一點陽光都沒有。

正在廚房忙碌的媽媽看見他們奇怪的舉動，問道：「你們在做什麼？」他們回答說：「房間太暗了，我們要掃點陽光進來。」媽媽笑道：「只要把窗戶打開，陽光自然會進來，何必去掃呢？」

每一個女人都希望自己能夠幸福，可是又常常發覺自己無從掌握。其實很簡單，就像著名女歌星在〈春暖花開〉中唱的那樣「春季已準時的到來，你的心窗打沒打開，對著藍天許個心願，陽光就會走進來」。真的敞開自己的心扉，「你會發現天那麼藍，桃花也紅了心情也好了，冰封的情感解除了冬眠。」

頭等艙位

在一架由紐約起飛的班機上，一名白人婦女被安排在一名黑人旁邊。她對身邊的黑人怒目而視，黑人則用微笑回應她的不友善。於是白人婦女氣勢洶洶地把空姐叫來，「請問有什麼需要幫助的嗎？」空姐微笑著問道。

「你們把我安排坐在這裡，我受不了坐在這種令人倒楣的人旁邊，再給我找個位置！」

幾分鐘後，空姐回來了。她說：「女士，很抱歉，經濟艙已經客滿了，不過在頭等艙還有一個空位。」不等白人女士說話，空姐接著說：「在這種情況下將乘客提升到頭等艙，的確是我們從未遇到的情況，但是我已經獲得機長的特別許可。」空姐繼續說，「機長考慮到這是個特殊的情況，他認為要一名乘客和這麼令人討厭的人同坐，真是太不合情理了。」空姐轉向那名黑人，「因此，如果先生您不介意的話，我們已經準備好頭等艙的位子了，請您移駕過去。」

周圍的乘客頓時都報以熱烈的掌聲，那名黑人在一片掌聲中揮著手走向了頭等艙。每個人出生的時候總是赤條條的來，走的時候總是赤條條的走，不管你是貧還是富，是官還是民。就像詩人徐志摩寫的那樣「悄悄的我走了，正如我悄悄的來，我揮一揮衣袖，不帶走一片雲彩。」這樣說來，人生來本該就是平等的。那為何還要看不起別人呢？

上帝也許給你了美貌，給了你地位。但這並不能成為傲慢的藉口，成為偏見的理由。你覺得別人無足輕重，別人也會對你漠不關心。心是用來交的，不是拿來比的。

保守祕密

國王對他手下的臣僕們說了一個祕密，他囑咐他們對任何人都不能說。

這個祕密一直在他們中間一年沒人講。可是一年之後，這個祕密還是被說了出去，並且立即大街小巷傳開了。

國王對此很憤怒，決心找出是誰傳出了祕密並處以極刑。然而他怎麼也找不出那個人。憤怒的國王將所有的臣僕抓來，叫劊子手把他們一律斬首，絕不留情面。

其中有一個臣僕說：「國王啊！你別亂殺我們，祕密洩漏出去錯不在我們，而全是你的錯誤。這如同洪水泛濫，你可是洪水的源頭，不從你那裡截住它，才造成了今天的濁浪滔天。你心中的祕密本來就不應該對人說出，要保守祕密首先要緊閉自己的嘴。祕密只要不說出口就永遠是祕密，一旦說出口那便由不得自己。」

國王聽完後，慚愧不已，當即釋放了所有的臣僕。

女人啊！如果你不能保守自己心中的祕密，就不要奢望閨中密友會幫你保守祕密。

狗熊與樵夫

有一天早晨，一位樵夫在獵人的陷阱裡救了一隻小熊，母熊對他感激不盡。

又過了一些日子，樵夫迷路來到熊窩，母熊安排他住宿，還拿豐盛的晚餐款待了他。

翌日清晨，樵夫對母熊說：「你招待得很好，但我唯一不滿意的就是你身上的那股臭味，實在是太難聞了。」

母熊心裡雖怏怏不樂，但嘴上卻說：「作為補償，你用斧頭砍我一下吧！」樵夫照她的話做了。幾年以後，樵夫又遇到母熊，問她頭上的傷好了沒有。母熊說：「噢，那次傷痛了一陣子，但傷口癒合後，我就忘了；不過，那次您說的話，我一輩子也忘不了。」

心靈的傷害更甚於肉體上的傷害，因為心靈的傷害是對人整個精神的震撼，所以，別忘了小心呵護別人的心靈，因為那同時也是在呵護你自己。

在現實生活中，有些女人只顧一時的口舌之快，說話尖酸刻薄。這類人中甚至有的人其實是「豆腐心」，只是管不足自己開合的嘴，讓刀子從嘴裡一把一把地飛出來。為什麼要字字句句直逼對方的要害呢？是為了突出自己的伶牙俐齒，還是為了顯示自己的權威？

三思而後行——這是古代聖賢留給我們處世的寶貴經驗。具體到說話來說，是叫我們在開口之前先想一想，掂量掂量：說出來能不能做得到？說出之後有什麼效果？更重要一點，會不會傷人？如果傷人，能不能換一種方式說？

那些做人的大師總是能克制自己，努力避免心直口快、尖酸刻薄，絕不以傷人感情為代價而逞一時口舌之快。比如，有的人在工作中看到別人做不好時，他不會在旁邊

指手劃腳，說三道四，更不會把別人趕走，顯示他的才能，而是很客氣地說：「我試試看？」這樣說了，即使在接下來的工作中做不好也不會丟面子；如果做得好，即使別人嘴裡不說，心裡也會佩服他。尤其是他沒傷別人的面子，又替別人做好了工作，別人於是從心底認為這個人「夠意思」，做人穩重，踏實，又有真本事。

馬克．吐溫曾說：「我可以靠別人對我說的一句好話，快活上兩個月。」——這是極有意思的。其實，你我又何嘗不是如此呢？既然我們的一句好話，就可能暖人心曲，贏得人心，那麼我們何不一試呢？須知，這也是在幫助我們自己啊！

有多少人參加婚禮

有些女人天生就是熱心，喜歡幫助身邊的每一個人。這本來是好事情，但也有不少人在付出之後慨嘆：好心沒好報。為什麼好心沒好報？是世風日下、人心不古嗎？——不排除有這種情況，但多數時候是因為你好心辦了壞事。只是憑一腔熱情和願望而不講究方法與技巧，並不能很好地實現助人的目的。

有一個人家舉行婚禮，很多親戚朋友前來祝賀。鄰居家的主人叫來僕人吩咐說：「你去看看，隔壁有多少人參加婚禮。」

僕人搬了一個圓木墩擺在鄰居家門口，然後坐在土臺上，耐心等待著，看有多少喝喜酒的客人走出門來。

祝賀的人陸陸續續往外走，誰走出門都難免被圓木墩絆一腳，被絆的人全都罵一句難聽的話，接著走他的路。只有一個老婦人，走出來被絆了一下，她爬起來把圓木墩挪到了旁邊。

僕人回到家來見主人。主人問：「隔壁鄰居家來的人很多嗎？」

僕人回答說：「只來了一個人，是個老太婆。」

「到底是怎麼回事？」

「我把一個圓木墩擺在鄰居家門口，所有被絆倒的人，都只顧埋怨卻不移開那木墩。只有那個老婆婆把木墩挪到了一邊，她擔心別的人再被絆倒。只有人才會這麼做。因此，我認為只有她一個人才配叫做人。」

綿羊的感悟

綿羊生性軟弱，經常要遭受許多動物的欺凌。於是，牠來到宙斯眼前，請求宙斯減輕牠的苦難。

宙斯對綿羊說：「看起來，我是把你造得太缺少自衛能力。這樣吧！你來選擇一種克服這個缺點的辦法。讓我在你嘴裡裝上可怕的獠牙，在你腳上裝上尖利的爪子好不好？」

「噢，不，」綿羊回答，「我完全不想跟那些猛獸一個樣子。」

「那麼，就讓我給你的唾液加進毒素吧？」宙斯又說。

綿羊搖搖頭說：「我也不願意與毒蛇為伍，毒蛇遭人痛恨！」

「在你額頭裝上角，並且讓你的脖子變得強韌起來。這樣可以嗎？」

「也不要。那一來，我很會變得像山羊一樣好鬥了。」

「可是」宙斯說，「你想要保護自己不受別的動物傷害，就必須有傷害別的動物的能力呀！」

「唉。」綿羊嘆了口氣，說，「仁慈的上帝啊！那就讓我還是老樣子吧！因為我擔心，有了傷害別的動物的能力，會喚起傷害別的動物的慾望。」

從此，綿羊便忘記了訴苦和抱怨。

威廉．莎士比亞借哈姆雷特的口說過一句流傳百年的話：「弱者，你的名字叫女人」。幾百年過去了，這句話一直是許多不幸女性命運的寫照。從自尊上，我不願意苟同。但實際情況卻讓人不得不承認，女人，大多數女人，從身體到心理都是弱者。

也許我們無法選擇強大，但我們可以選擇善良。也許上帝沒給了我們強壯的身體，但給了我們一顆仁愛的心。女強人固然讓人可畏，但做個溫柔善良的女人，哪個男人會不喜歡？

守門的逃犯

有一個犯人易服社會勞動，在外出修路的過程中，在路上撿到了一萬元，他不假思索地把它交給了監管警察。可是，監管警察卻輕蔑地對他說：「你別來這一套，拿自己的錢變相賄賂我，想換減刑，你們這類人就是不老實。」

囚犯萬念俱灰，心想這世界上再也不會有人相信他了。晚上，他越獄了。在亡命的途中，他大肆搶劫錢財，準備外逃。在搶得足夠的錢財後，他乘上開往邊境的火車。火車上很擠，他只好站在廁所旁。這時，有一位十分漂亮的女孩走進廁所，關門時卻發現門鎖壞了。她走出來，輕聲對他說：「先生，你能為我看門嗎？」

他愣住了，看著女孩純潔無邪的眼神，他點點頭。女孩紅著臉進了廁所。而他像一個忠誠的衛士一樣，嚴嚴把守著門。在這一剎那間，他突然改變了主意。在下一站，他下車了，到車站派出所投案自首。

警察對犯人的不信任，使得犯人萬念俱灰，自暴自棄，換來越獄的結局；一位女孩對犯人的信任，卻讓犯人良知頓回，幡然醒悟，自此決心認罪。

信任，真是一種彌足珍貴的東西。沒人能用金錢可以買得到，也沒人可用利誘或武力爭取到，它來自於一個人的靈魂深處，是活在靈魂裡的清泉，它可以拯救靈魂，滋養靈魂，讓心靈充滿純潔和自信。

信任，它是架設在人心的橋，它是溝通心靈的路，是震盪情感之波的琴，哪怕對方是個十惡不赦的歹徒！

善良的人，請不要帶著有色的眼睛去看人，對別人多一點信任、多一份寬容，我們的世界不是會更美好嗎？

強者不吹牛

小老鼠、小白兔、大公雞比誰最厲害，在一起吹牛。

老鼠說：「我最厲害，有一次和大象決鬥，我鑽進牠鼻孔裡，咬得牠直喊饒命！對於我，大象都不在話下，我還有什麼可怕的呢！」

小白兔對小老鼠說：「我是三次馬拉松賽跑冠軍的獲得者，一次還創造了世界記錄，連賽跑能手獵豹都懼我三分！」

大公雞說：「俗語云：『雄雞一唱天下白』，太陽都按我的叫聲出來，連人類也聽我的指揮，按我的命令起床下地，因此老子天下第一！」

牠們正在不著邊際地吹牛，旁邊的草叢中躺著一隻老虎，似睡非睡，似醒非醒，聽了牠們的話，閉目微笑。過了一陣子，牠忽然打了一個哈欠，不由自主地說：「好睏呀！」

老鼠、白兔、公雞一看，無不抱頭鼠竄……

吹牛的人，充其量只能算是一隻「紙老虎」，一旦勢力雄厚的「真老虎」出現在他面前，他只會落荒而逃。所以，不斷地給自己充電吧！機遇與成功，永遠只會青睞有準備有實力的人。

一隻醜陋的雞

有位養雞場的主人，向來討厭傳教士，因為他覺得大多傳教士口上講的是一套，實際做的又是一套。為了滿足「替天行道」的正義感，養雞場主人有事沒事，專喜歡信口散布傳教士的壞話。

一天，有兩個傳教士上門，說要買隻雞。生意上門，總不好往外推吧！主人忍著不快，讓他們自己去挑。這兩個傢伙在偌大的養雞場中挑了半天，卻拿來一隻毛掉得差不多，醜陋之極的跛腳公雞。

主人奇怪得很，便問他們為什麼挑這隻雞。

傳教士回答說：「我們想把這隻雞買回去養在修道院的院子裡，告訴大家這是你的養雞場裡養出來的雞，為你做些宣傳。」

主人一聽就急了，連忙搖手：「不行不行！你們看這雞場裡的雞，哪一隻不漂漂亮亮，肥肥壯壯的，就這一隻不知道怎麼搞的，一天到晚愛打架，才會弄成這個樣子，你們拿牠當代表，讓大家以為我們的雞全這樣，對我實在太不公平了。」

另一位傳教士笑嘻嘻地說：「對呀！少數幾個傳教士而為不檢點，你卻以他們為代表，對我們來說，也同樣太不公平了吧？」

養雞場主人這才明白就裡，自然知道自己錯了。以後再也不敢了。

大千世界，芸芸眾生，每個人都與眾不同。我們不能因為一個人的錯誤而去責備同一類的人。有一個人偷竊了，就把他全家甚至全村的人都當成是小偷，也未免太可笑了吧？這和古代的「連坐」有何區別？

上帝給了給了我們一雙眼睛，就是要我們用兩隻眼睛去看世界。一個看正面，一個看反面，合起來就是一個完整的畫面。所謂「一葉障目，不見泰山」，我們千萬別因一片小小的樹葉，就矇蔽了我們的雙眼。

兩個寺廟的和尚

相傳在以前的一個深山老林裡，有兩座相距不遠的寺廟。甲廟的和尚們經常吵架，人人戒備森嚴，生活十分痛苦；乙廟的和尚們一團和氣，個個笑容滿面，生活快樂。甲廟的住持看到乙廟的和尚們天天和睦相處，相安無事，內心非常羨慕，卻又不知其中的奧妙所在。於是，有一天他特地來到乙廟，向一位小和尚討教祕方。

住持問：「你們有什麼好辦法使廟裡一直保持和諧愉快的氣氛呢？」小和尚不假思索的回答道：「因為我們經常做錯事。」正當甲廟的住持感到疑惑不解之時，忽見一和尚匆匆從外面回來，走進大廳時不慎摔了一跤。這時，正在掃地的和尚立刻跑過來，一邊扶他一邊道歉：「真對不起，都是我的錯。把地拖得太溼，讓你摔著了。」站在大門口的和尚見狀也跑過來說：「不，都是我的錯，沒有提醒你大廳裡正在拖地，應該小心點。」摔跤的和尚聽後沒有指責任何人，只是自責的說：「不，不是你們的錯，是我的錯。都怪我自己太不小心了，給大家添了麻煩。」

甲廟的住持看到了這精彩的一幕，恍然大悟。他終於明白了乙廟裡的和尚和睦相處的奧妙所在：凡事先從自身找原因。

人世間的許多不幸源於互相指責和互相攻擊。閒談勿論人非，靜坐常思己過。一個人如果能經常檢討自己的不足，處處為他人著想，就可以避免很多無謂的爭吵，以安靜祥和的心態為自己創造出一個幸福和睦的生活環境。

螞蟻的感恩

一隻螞蟻在河邊喝水，不小心滑到河裡。螞蟻在河邊載沉載浮，大聲呼救，這時正好斑鳩到河邊喝水，看見螞蟻在掙扎求生，就銜起一枚樹枝，丟給螞蟻，螞蟻就這樣得救了。

事後，斑鳩早就忘了這件事，但螞蟻心存感恩，一直想要圖報，於是就在斑鳩的巢附近做窩。

有一天，斑鳩站在樹枝上休息，被一個獵人發現了，用獵槍瞄準斑鳩。螞蟻看見這種情形，飛快的爬到獵人身上，在他的眼皮上狠狠咬了一口，獵人痛得慘叫一聲，子彈打到天上去了。斑鳩看到螞蟻不顧自己的安危，適時搭救，非常感激，就對螞蟻道謝。螞蟻說：「要不是你在河邊救了我，我早就被河水淹死了，我這輩子還不知道怎麼謝你呢！」

又有一天，斑鳩在菜園裡覓食，不小心被主人做的陷阱扣住了，牠大聲的呼救。螞蟻聽見了，就把所有的同伴都叫來，大家齊心合力把扣子咬斷，斑鳩就得救了。斑鳩再度向螞蟻道謝，螞蟻說：「你救了我的命，我這輩子還不知道怎麼謝你呢！」本來螞蟻的窩是在地上，後來都移到樹上去，就是為了報答斑鳩的救命之恩。

斑鳩到處宣揚螞蟻的感恩，牠說：「螞蟻的身體雖小，牠的感恩心卻是身體的千百萬倍！」

落葉在空中盤旋，譜寫著一曲感恩的樂章，那是大樹對滋養它大地的感恩；白雲在蔚藍的天空中飄蕩，繪畫著那一幅感人的畫面，那是白雲對哺育它的藍天的感恩。因為感恩才會有這個多彩的社會，因為感恩才會有真摯的友情。因為感恩才讓我們懂得了生命的真諦。

請懷著一顆虔誠的心感謝上蒼的賦予，感謝天，感謝地，感謝生命的存在，感謝陽光的照耀，感謝豐富多彩的生活。酸甜苦辣不是生活的追求，但一定是生活的全部。試著用一顆感恩的心來體會，你會發現不一樣的人生。不要因為冬天的寒冷，而失去對春天的希望；不要因為一路風風雨雨，而忘了天邊的彩虹；不要因為行色匆匆的腳步，而忽視了沿路的風景；不要因為生命過於沉重，而忽略了感恩的心！

用鮮花對付詛咒

一位婦人同鄰居發生了糾紛，鄰居為了報復她，趁黑夜偷偷地放了一個花圈在她家的門前。第二天清晨，當婦人打開房門的時候，她深深地震驚了。她並不是感到氣憤，而是感到仇恨的可怕。是啊！多麼可怕的仇恨，它竟然衍生出如此惡毒的詛咒！竟然想置人於死地而後快！婦人在深思之後，決定用寬恕去化解仇恨。

於是，她拿著家裡種的一盆漂亮的花，也是趁夜放在了鄰居家的門口。又一個清晨到來了，鄰居剛打開房門，一縷清香撲面而來，婦人正站在自家門前向她善意地微笑著，鄰居也笑了。

一場糾紛就這樣煙消雲散了，她們和好如初。

寬容他人，除了不讓他人的過錯來折磨自己外，還處處顯示著你的淳樸、你的堅實、你的大度、你的風采。那麼，在這塊土地上，你將永遠是勝利者。只有寬容才能癒合不愉快的創傷，只有寬容才能消除一些人為的緊張。學會寬容，意味著你不會再心存芥蒂，從而擁有一份流暢、一份瀟灑。在生活中我們難免與人發生摩擦和矛盾，其實這些並不可怕，可怕的是我們常常不願去化解它，而是讓摩擦和矛盾越積越深，甚至不惜

彼此傷害，使事情發展到不可收拾的地步。用寬容的心去體諒他人，真誠地把微笑寫在臉上，其實也是在善待我們自己。當我們以平實真摯、清靈空潔的心去寬待對方時，心與心之間便架起了溝通的橋梁，這樣我們也會獲得了寬待，獲得了快樂。

所以說，寬容別人就是善待自己，這是生活中一個極其樸實的道理，只可惜並不是每個人都能領悟到。學會寬容，是年輕女人需要學習的一門藝術。

真正的美麗

有一個大財主，他有七個女兒，個個花容月貌，美豔絕倫。每當家裡來了客人，他總是要把女兒們叫出來展示一番。大財主最想聽到客人們的讚嘆聲，事實上每次客人們也的確都是讚嘆不已。

有一天，來了一個客人，這位大財主照樣把女兒們叫出來，然後問他：「我的女兒美嗎？」

那位客人說：「這樣吧！你將女兒披上盛裝，去各地街上行走三天。如果每個人都說她們美的話，我就給你五百兩黃金；只要有一個人說不美，你就輸給我五百兩黃金，怎麼樣？」

財主動心了，心想：「這有何難？我女兒是公認最美的，而且還可以拿到黃金五百兩！」便欣然答應了。

他帶著女兒們在各地遊走，每個人都說她的女兒漂亮，眼看五百兩黃金就要到手了。最後一天，財主又帶她們來見佛祖，得意洋洋地問：「佛祖，你說我的女兒們漂亮嗎？」

佛祖不屑地答道：「不漂亮！」

財主非常不高興，問道：「城裡的人們都說我女兒漂亮，怎麼就你一個人說她們不漂亮呢？」

佛祖回答道：「世人看的是面容，而我看的是她們的心靈。在我看來，身能不貪錢財，口能不說惡言，意能不起邪念，這樣才是最美的！」

財主聽了佛祖的話，情緒低落地離開了。當然，他也輸了五百兩黃金。那個和他打賭的人正是佛祖的弟子，他知道佛祖是怎樣看待美的，到佛祖這裡來是他為財主安排的最後一站。

人的身上有兩種美，外在美與內在美。外在的容顏美易見，但它也易逝，而內在美的人，更多的在於一份魅力，即使是白髮蒼蒼，也同樣煥發出神采。人的身體只不過是

一個載體，我們利用它，反過來也受到它的牽制。在我們過多地注重外在時，其實就讓它禁錮了自己，外表只是一層皮與一堆肉，除去了就是骷髏，內在美才是真的美。

如果將女人比作一本書，那麼在青春年少時，靠的是無敵靚麗的封面；但隨著歲月的流逝，漸漸地比的是書中的內容。女人在年輕時，要及時在自己的書中，寫下獨立、雍容、高貴、優雅、細膩、精緻、智慧、風情等文字。這些幸福有關的內容，不是等你的「封面」褪色後，天使就會在夢裡給你送來。一切的一切，都要靠你自己花心思去爭取。你現在正在用一磚一瓦，構建將來的「幸福」大廈。每一個選擇、努力、放棄、珍惜、放縱，都會對你今後的幸福產生直接的影響。

當你心地善良、當你自然大方、當你學識淵博、當你幫助他人、當你氣質優雅的時候，一切的美麗都在剎那間展露無遺。而你周圍的人們，或許早已經忘記了你並不美麗的容顏和並不高挑的身材，因為他們看到的是你善良的本性，是你可愛的心靈，而這些才是真正讓人無法抗拒的美麗。更重要的是，這種美，絕不會因為時光流逝、紅顏易老而衰退，它是一種永恆的美。

石頭和向日葵

種子成熟了，落到土裡，以後又發芽，生長，這件事本來很自然，很合理，沒想到有一粒種子卻因此觸犯了一塊石頭。

那是一塊古老的石頭，據說它最愛安靜，它的行動十分穩健。多少年來，不論世界上發生了多大的變化，它都能沉住氣，保持一個一動也不動的姿態。不用說，它認為自己很有見解，也很有涵養。因此它打算著書立說。它的計畫當中有一部哲學，據說裡面包括這樣一些偉大而深刻的專題，比方：論不變動是宇宙的規律；論黑暗的永恆性和美；論石頭對於存在的決定性；論安靜與平靜之為幸福，等等。

有一天，當石頭正在思考哲學寫作計畫的時候，忽然有一粒種子，未經它的許可，闖進它的世界來，而且從此留下不走。這讓它大為惱火，不僅擾亂了它的安寧，最糟糕的是，它的哲學體系被破壞了。

石頭決心改變這種局面。可是這很不容易。它既不能完全否認種子的存在，又沒有力量把種子驅逐出去。它想來想去，最後想到一個辦法。它決心在自己的哲學裡添上這麼一章，題目叫做：論種子的醜陋及其對宇宙安寧的破壞，很快必將自行毀滅，等等。

「等著瞧吧！」有涵養的石頭自言自語說，「就算你也是一種存在，可是你生出來沒幾天，個子小，又不結實，看你還能活幾天！」

種子當然沒有理會這些。它不但繼續留下來，而且越來越不安分。它居然還呼吸，居然還唱歌。它喜歡唱一些關於生長和發展的歌。歌裡面老是什麼溫暖啦，春天啦，這一類的話，樂觀得很，自信得很。

有涵養的石頭變得非常激動：「等著瞧吧！馬上就會刮北風的。」

於是素來歡喜安靜的石頭居然一心盼望起刮北風來了，它認為寒冷的北風會凍壞柔弱的種子，而它認為自己是既不怕冷也不怕熱的。

風倒是颳起來了，而且是一陣風接一陣風。先是冷風，後是熱風。或者說，是冷風帶來了熱風，寒冷帶來了溫暖，冬天帶來了春天。終於，春天在風聲裡出現了。

不安分的種子不但沒有凍死，反而發了芽，生了根。它的根從石頭下面穿過去，它的芽從石頭旁邊擠出來，露出了地面。

「先別忙得意，等著瞧吧！」石頭還是不服輸。

於是石頭又盼望下雨。雖然，嚴格說來，它不怎麼喜歡這一類事情。可是它認為雨水會淹死種子，而它自己好像是既不怕潮溼又不怕乾燥的。

石頭和向日葵

不久，真的下雨了。電閃雷鳴，地動山搖。這種景象使得那盼望下雨的石頭也不禁顫慄起來。可是，嫩芽不但不畏懼，反而快樂地迎接雨水，旺盛地生長起來。接連幾場大雨以後，嫩芽變成了一棵完美的向日葵。

「等著瞧吧！」不服輸的石頭還是這樣一句話。它想：也許小向日葵不能長大。也許，它再長高，就支持不住自己的重量，會突然倒下來的。

小向日葵並不因這些詛咒而停止生長。它的根一天天往深處扎，它的莖一天天變得更粗壯更結實，它的葉子一天天長得更茂盛。終於有一天小向日葵變成了大向日葵，開了一朵很大很大的金黃色的花。花向著太陽，不知疲倦地隨著太陽轉，以後結了許多種子。接著，新的種子又開始了新的成熟，準備落到新的土壤裡去，長出新的向日葵來。

至於那塊傷心的石頭，他的哲學著作當然永遠不會完成了，但他的結局倒不完全是悲劇的。他在冷和熱不斷交戰，在潮溼和乾燥不斷更替，在植物根不斷穿透以後，終於風化破裂了，變成了植物的養料。

世界不會因為一個人的消逝而停止轉動。同樣，別人不會因為你的個性或者是喜好而改變。在與人交往和相處中，要懂得善待和接納別人。如果不懂得相處之道，只能是更顯現出別人的高貴和自己的無知。

那你就是在罵自己

一個出家人在旅途中，碰到一個不喜歡他的人。連續好幾天，好長的一段路，那人都用盡各種方法誣衊他。

最後，出家人轉身問那人：「若有人送你一份禮物，但你拒絕接受，那麼這份禮物屬於誰的？」

那人答：「屬於原本送禮的那個人。」

出家人笑著說：「沒錯。若我不接受你的謾罵，那你就是在罵自己。」

那人摸摸腦袋走了。

民國著名影星阮玲玉在留下「人言可畏」的遺書後，結束了二十五歲風華正茂的生命。二〇〇八年，韓國女星崔真實自殺，亦哭訴：「人言可畏。」相對男人來說，女人更容易在無端的誹謗、誣衊與攻擊下方寸大亂直至精神崩潰。

西元一九三、四十年代，敏於行、訥於言的巴金先生，也曾受無聊小報、社會小人的謠言攻擊。巴金先生有一句斬釘截鐵的話：「我唯一的態度，就是不理！」因為若起而反擊，「小人」反倒高興了，以為他們編造的謠言發生了作用。

那你就是在罵自己

胡適先生在《胡適來往書信選》致楊杏佛的信中寫道：「我受了十餘年的罵，從來不怨恨罵我的人。有時他們罵的不中肯，我反替他們著急；有時他們罵的太過火，反損罵者自己的人格，我更替他們不安。如果罵我而使罵者有益，便是我間接於他有恩了，我很甘願挨罵。」

出家人、巴金、胡適面對他人的辱罵所表現出的平靜、幽默、寬容，不失為排除心理困擾的妙藥良方，非常值得女人們學習。

第六章　幸福女人的自我修練

幸福是什麼？幸福是天天都有好心情，幸福是有幾個知心朋友，幸福是那種為了心中的目標而努力奮鬥的過程，幸福是可以跟心愛的人在一起享受那份寧靜與愜意，幸福是一種特殊的空氣……幸福就是活出一個精彩的自己。

幸福是女人的天堂，為了獲得，她們不惜傾其所有，拿容貌、青春、時間、金錢甚至是身體去交換。無論受多大的苦，遭多大的罪，只要能得到幸福，再大的付出也心甘。有人得到了，笑傲人生；有人卻是竹籃打水一場空，追求了一輩子，還是沒有得到幸福。

在幸福面前，女人始終應該是鎮定和睿智的，但又不能失去熱和情活力。女人的幸福原是與愛連在一起的。只要有愛，再多的付出，也心甘情感。失了愛，女人的幸福就成了無枝可倚的花朵，會很快枯萎。

幸福不是由別人給予的，每一個女人的幸福，都掌握在自己的手中。幸福是一粒深深埋在心裡的種子，只有不斷施水澆肥才會長成一棵樹。

幸福是什麼

一匹老馬失去了老伴，身邊只有唯一的兒子和自己在一起生活。老馬十分疼愛兒子，把他帶到一片草地上去撫養，那裡有流水，有花卉，還有誘人的綠蔭。總之，那裡具有幸福生活所需的一切。

但小馬駒根本不把這種幸福的生活放在眼裡，每天濫啃三葉草，在鮮花遍地的原野上浪費時光，毫無目的地東奔西跑，沒有必要地沐浴洗澡，沒感到疲勞就睡大覺。

這匹又懶又胖的小馬駒對這樣的生活逐漸厭煩了，對這片美麗的草地也產生了反感。牠找到父親，對牠說：「近來我的身體不舒服。這片草地不衛生，傷害了我；這些三葉草沒有香味；這裡的水中帶泥沙；我們在這裡呼吸的空氣刺激了我的肺。一句話，除非我們離開這裡，不然我就要死了。」

「我親愛的兒子，既然這有關你的生命，」牠的父親答道，「那我們就馬上離開這裡。」牠們說完就做——父子兩人立刻出發去尋找一個新的家。

小馬駒聽說出去旅行，高興得嘶叫起來，而老馬卻不那麼快樂，只是安詳地走著，在前面領路。牠讓牠的孩子爬上陡峭而荒蕪的高山，那山上沒有牧草，就連可以充飢的東西都沒有。

天快黑了，仍然沒有牧草，父子兩人只好空著肚子躺下睡覺。第二天，牠們幾乎餓得筋疲力盡了，只吃到了一些長不高而且是帶刺的灌木叢，但牠們心裡已十分滿意。現在小馬駒不再奔跑了。又過了兩天，牠幾乎邁了前腿就拖不動後腿了。

老馬心想，現在給牠的教訓已經足夠了，就趁黑把兒子偷偷帶回原來的草地。馬駒一發現嫩草，就急忙地去吃。

「啊！這是多麼絕妙的美味啊！多麼好的綠草呀！」小馬駒高興地跳了起來，「哪裡來的這麼甜這麼嫩的東西？父親，我們不要再往前去找了，也別回老家去了——讓我們永遠留在這個可愛的地方吧！我們就在這裡安家吧！哪個地方能跟這裡相比呀！」

小馬駒這樣說，而牠的父親也答應了牠的請求。天亮了，小馬駒突然認出了這個地方原來就是幾天前牠離開的那片草地。牠垂下了眼睛，非常羞愧。

老馬溫和地對小馬駒說：「我親愛的孩子，要記住這句格言：『幸福其實就在你的眼前。』」

熟悉的地方沒風景，僕人的眼裡沒偉人。太多的美好與幸福，往往令沉浸在其中的人們察覺不到。曾經在報上看過一幅名為「福在哪裡」的漫畫，畫上畫著一個大大的

「福」字，一個人站在「福」字的「口」中向外張望，嘴裡問：「福在哪裡？」福在哪裡呢？他真是身在福中不知福啊！

為什麼一定要等到所愛的人離去，人們才會想起他的美好？為什麼一定要父母駕鶴西行，人們才會想起他們的恩情？靜下心來，好好體會一下那些如空氣般環繞在你周圍的幸福吧！

痛苦的石頭

在一個鮮花盛開、綠草的山坡下，有一條歡樂地歌唱著流向遠方的小河；在山坡上，有一塊凹凸不平的石頭在花叢中悲嘆著。

「這個世界真是不公，你看那條小河，它憑什麼流向遠方？它憑什麼飽覽世上的風景？它憑什麼歡樂歌唱？論性格，它軟弱無比，哪比的上我的剛強？論特質，它曲迎善變，哪裡比的上我的剛正不阿？它整天嘻嘻哈哈，哪裡比的上我的寡言深沉？」

「可是，我得到的是什麼？我被固定在這個無比荒涼的山坡上，享受不到周遊世界的樂趣，也無人能聽懂我心中的悲歌……哎！世界真不公平，老天對我真不公平！」

妒忌之火石頭的心中熊熊燃燒，它從沒享受過生活的樂趣。身邊的小草勸它：「算了吧！石頭大哥。世界萬物，各有各的特點，你何必因為他人的快樂而痛苦呢？其實，您過的也錯嘛。您看，您的身邊花草環繞，蝴蝶紛飛，溫暖的陽光從早到晚時刻照耀著您，不時還有牧羊人和您聊天。您不必為生計而煩惱，不必刻意去逢迎別人，您的生活過的多麼逍遙自在。都讓我們羨慕。」

但是頑固的石頭聽不進任何的勸告，小河的快樂讓它非常生氣，它決定無論如何也要阻止小河的快樂。

它等啊等，終於有一天，機會來了。一個牧羊人來到了這裡，在石頭的旁邊休息。「牧羊大哥，求求您，把我抱起來，放進那條小河裡去，我要阻止它隨心所欲的生活，我不能讓它那麼快樂！最起碼，我也要讓它帶上我，一起去周遊世界。」

牧羊人想說什麼，卻被石頭阻止。它現在的心裡除了報復的慾望之火，什麼也聽不進去了。

牧羊人經不起石頭一再的請求，只好把它扔進了河裡。

小河想帶著它去周遊世界，可是石頭太重了，沒走幾步，就一頭跌進了一個深坑裡，再也出不來了。

石頭在深坑裡謾罵著小河的無情。現在，它既無法阻止小河的歡樂和奔跑，也無法從深坑裡出來，還要每時每刻都看著快樂的小河在它身邊流過，它的痛苦更深了。

相信很多人都有這樣的心態：總是嫉妒別人，嫉妒別人的車比自己的好，嫉妒別人的房子比自己的大，嫉妒別人的才能比自己的高，嫉妒……總之一句話，見不得別人比自己好。

其實，何必呢？茫茫人海，比自己個子高的人不知幾許，比自己能力好的人不知幾許，比自己有錢的不知幾許，比自己有權的不知幾許……試問，能樣樣比比人高，比別人好嗎？有「不老神話」之稱的一代影星潘迎紫這麼說自己不老的祕密：「保持開朗的心態，不要鑽牛角尖，雖然人生常有起落，只要保持赤子之心，就會年輕。」

是啊！只要保持一顆赤子之心，你就會年輕，你就會快樂。

自信如花

在一個小鎮上，有一個非常窮困的女孩子，她失去了父親，跟媽媽相依為命，靠做手工維持生活。她非常自卑，因為從來沒穿戴過漂亮的衣服和首飾。在這樣極為貧寒的

生活中，她長到了十八歲。

在她十八歲那年的聖誕節，媽媽破天荒給了她二十美元，讓她用這個錢給自己買一份聖誕禮物。

她大喜過望，但是還沒有勇氣從大路上大大方方地走過。她捏著這點錢，繞開人群，貼著牆角朝商店走。

一路上她看見所有人的生活都比自己好，心中不無遺憾地想，我是這個小鎮上最抬不起頭來、最寒酸的女孩子。看到自己特別心儀的男孩子，她又酸溜溜地想，今天晚上盛大的舞會上，不知道誰會成為他的舞伴呢？

她就這樣一路嘀嘀咕咕躲著人群來到了商店。一進門，她感覺自己的眼睛都被刺痛了，她看到櫃臺上擺著一批特別漂亮的緞子做的頭花、髮飾。

正當她站在那裡發呆的時候，售貨員對她說：「小女孩，妳的亞麻色的頭髮真漂亮！如果配上一朵淡綠色的頭花，肯定美極了。」她看到價簽上寫著十六美元，就說我買不起，還是不試了。但這個時候售貨員已經把頭花戴在了她的頭上。

售貨員拿起鏡子讓她看看自己。當這個女孩看到鏡子裡的自己時，突然驚呆了，她從來沒看到過自己這個樣子，她覺得這一朵頭花使她變得像天使一樣容光煥發！

她不再遲疑，掏出錢來買下了這朵頭花。她的內心無比陶醉、無比激動，接過售貨員找的四美元後，轉身就往外跑，結果在一個剛剛進門的老紳士身上撞了一下。她彷彿聽到那個老人叫她，但已經顧不上這些，就一路飄飄忽忽地往前跑。

她不知不覺就跑到了小鎮最中間的大路上，她看到所有人投給她的都是驚訝的目光，她聽到人們在議論說，沒想到這個鎮子上還有如此漂亮的女孩子，她是誰家的孩子呢？她又一次遇到了自己暗暗喜歡的那個男孩，那個男孩竟然叫住她說：不知今天晚上我能不能榮幸地請妳做我聖誕舞會的舞伴？

這個女孩子簡直心花怒放！她想我索性就奢侈一回，用剩下的這四塊錢回去再給自己買點東西吧！於是她又一路飄飄然地回到了小店。

剛一進門，那個老紳士就微笑著對她說：「孩子，我就知道妳會回來的，妳剛才撞到我的時候，這個頭花也掉下來了，我一直在等著妳來取。」

自信如花，有了自信的臉比沒有自信的臉要容光煥發。

活在當下

有個小和尚，每天早上負責清掃寺院裡的落葉。清晨起床掃落葉實在是一件苦差事，尤其在秋冬之際，每一次起風時，樹葉總隨風飛舞。每天早上都需要花費許多時間才能清掃完樹葉，這讓小和尚頭痛不已。他一直想要找個好辦法讓自己輕鬆些。

後來有個和尚跟他說：「你在明天打掃之前先用力搖樹，把落葉通通搖下來，後天就可以不用掃落葉了。」小和尚覺得這是個好辦法，於是隔天他起了個大早，用力地猛搖樹，這樣他就可以把今天跟明天的落葉一次掃乾淨了。一整天小和尚都非常開心。

第二天，小和尚到院子裡一看，他不禁傻眼了。院子裡如往日一樣滿地落葉。老和尚走了過來，對小和尚說：「傻孩子，無論你今天怎麼用力，明天的落葉還是會飄下來」。小和尚終於明白了，世上有很多事是無法提前的，唯有認真地活在當下，才是最真實的人生態度。

活在當下。到底什麼叫做「當下」？簡單地說，「當下」就是你現在正在做的事、呆的地方、周圍一起工作和生活的人；「活在當下」就是要你把關注的焦點集中在這些人、事、物上面，全心全意認真去接納、品嚐、投入和體驗這一切。

你可能會認為這有什麼難的？我不是一直都活著並與它們為伍嗎？話是不錯，問題是，你是不是一直活得很匆忙，不論是吃飯、走路、睡覺、娛樂，你總是沒什麼耐性，急著想趕赴下一個目標？因為你覺得還有更偉大的志向正等著你去完成，你不能把多餘的時問浪費在「現在」這些事情上面。

不只是你，大多數的人都無法專注於「現在」，他們總是若有所想，心不在焉，想著明天、明年甚至下半輩子的事。有人說「我以後要換更大的房子」，有人說「我打算找更好的工作」。後來，錢真的賺得更多，房子也換得更大。可是，又覺得不滿足：「唉！我應該再多賺一點，職位更高一點，想辦法過得更舒適！」這就是沒有「活在當下」，就算得到再多，也不會覺得快樂，不僅現在不夠，以後永遠也不會嫌夠。

假若你時時刻刻都將力氣耗費在未知的未來，卻對眼前的一切視若無睹，你永遠也不會得到快樂。一位作家這樣說過：「當你存心去找快樂的時候，往往找不到，唯有讓自己活在『現在』，全神貫注於周圍的事物，快樂便會不請自來。」

或許人生的意義，不過是嗅嗅身旁每一朵絢麗的花，享受一路走來的點點滴滴而已。畢竟，昨日已成歷史，明日尚不可知，只有今天才是上天賜予我們最好的禮物。許多人喜歡預支明天的煩惱，想要早一步解決掉明天的煩惱。明天如果有煩惱，你今天是無法解決的，每一天都有每一天的人生功課要交，努力做好今天的功課再說吧！用平常的心對待每一天，用感恩的心對待當下的生活，我們才能理解生活和快樂的真正含義！

捕殺「死亡」

有三位年輕人在一個小鎮上看到一支送葬的隊伍。他們打聽到死者原來是他們的兩位朋友：一位叫「友誼」，一位叫「快樂」，他們被一個外號叫「死亡」的人謀殺了。三位中一位年齡最小的人對他的兩個朋友說：「這個外號叫『死亡』的傢伙到底是誰？我們一起去找他，為我們的朋友報仇！」

半路上，他們遇上了幾位神色慌張的人，其中一位老太太告訴他們，「死亡」正在追趕他們，必須趕快逃走，否則便會被殺害，並勸其他人也一起逃走，如果遇上「死亡」便沒命了。三人安慰老太太，表示他們一行就是來殺「死亡」的。在三人的再三要求下，老太太告訴他們，「死亡」就在小村子後面那座山的山頂上的一棵老橡樹下。

他們三人興奮地向山頂走去，並拿出隨身攜帶的尖刀，隨時準備捕殺「死亡」。但出乎意料的是，當他們高度戒備地來到那棵老橡樹下時，並沒有看到想像中的面目猙獰的「死亡」，卻發現一箱子金光閃閃的金幣。他們馬上丟下尖刀，欣喜若狂地數起金幣來，把尋找「死亡」的事忘得一乾二淨。那個領頭的年輕人說：「我們必須守住這些金幣，否則會被別人搶走。這樣吧！我們來抽籤，誰的籤最短，誰就去鎮上買吃的，另外兩人就留下來守住這金幣，明天我們就把金幣分了各奔東西。」最年輕的男孩抽到了那支最短的籤，他拿著幾枚金幣到小鎮上買吃的去了。

兩個守金幣的人各懷鬼胎，最後他們想出一個計畫：等他們的朋友帶著吃的回來時，把他殺掉，然後吃掉食物，再把本該分成三份的金幣分成兩份。而那個買吃的年輕人走進小鎮時則想：如果在我買的這些食物裡放進毒藥，那麼，那堆金幣就歸我一人所有了。於是，他先吃飽了，然後在食物和飲料裡放進一種無色無味的烈性毒藥，並於當晚回到朋友身邊。不料他剛回來，便被兩個朋友殺害了。他們得意地吃著同伴買回的食物和飲料。幾分鐘後，他們也中毒身亡。

三人怎麼也沒想到，他們也會像他們的朋友「友誼」、「快樂」那樣被「死亡」殺害。更想不到的是：殺害他們的「死亡」，其實是蘊藏在金幣後面的貪婪。因為貪婪，無論是友誼、快樂，還是生命，都會走向死亡。

做個不貪婪的女人，在今天，這是一種難得的、非常可貴的特質。因淡泊明志，不唯利是圖，她能應對生活中出現的各種挑戰和誘惑，她不會輕易見利忘義、見財忘情，更不會對身陷困境的朋友推之千里、「落井下石」。和朋友在一起，燦爛時，她會為朋友的輝煌驕傲；落魄時，她會為朋友的失意加油。

一顆寬容的心

有一位學生，他總是抱怨生活的平乏無味，人生之路的崎曲百折，於是整天都鬱鬱寡歡。老師看到他這樣，為此感到十分著急。

終於，有一天，他想到一個辦法。於是，他把那位學生叫到身邊來，讓他一包鹽倒入到一個小杯子中，然後再嘗嘗他的味道，「感覺怎麼樣？」老師問道：「又鹹又苦，老師為什麼突然要我喝這個呢？」學生疑惑不解的問道。

老師又把學生帶到一個清澈的水潭邊，將同樣的一包鹽倒入潭水中，又讓自己的學生嘗了嘗水的味道，現在，你感覺味道如何？味道很好，甘冽清甜，完全沒有受之前鹽的鹹苦味的影響。說到這裡，老師會心的笑了笑，而他的學生也從中悟出了老師的用意，心中頓時豁然開朗。

其實這則小故事想要告訴人們的就是一個關於人的心胸寬廣的問題。同樣分量的鹽，倒在不同容量的水裡，就會產生不同的效果。因此，擁有一顆寬容的心，便不難淡化這世間的煩惱與苦悶。

人活在世界上，不如意的事十有八九，如果事事認真計較，那我們豈不活得很累？放下背著的包袱，甩開以往的憂愁，在人生的路上，你不覺得越走越輕鬆，越走越寬廣嗎？

移山大法

《古蘭經》上有一則故事：

有一個老者會移山的法術。好多年輕人聞訊前來，學習這法術。老者讓年輕人先學文三年，然後再習武三年。六年下來，個個是文韜武略精熟，整體素養都到了一個相當的境界。

終於有一天老者要傳授移山大法。這天老者神色肅然，一大早便來到一座山的左面，焚香燃燭，端坐在蒲團上，閉目用功。所有的學生都畢恭畢敬站在老師前面，等待著大山移動的那激動人心的一刻。一刻鐘後，老者抱起蒲團，跑到山的右邊再次靜坐。一刻鐘後，老者徐徐站起，鄭重宣布：「移山已畢。」所有的學生都愣住了，他們都有受騙的感覺，原來嚮往多年的移山大法就是這麼回事，太讓人失望了。這時只見老者正

襟危坐，慢慢說道：世上本沒有什麼移山大師，也沒有什麼移山大法，唯一的辦法就是，山不過來，我過去。

學生們明白了。他們果然學到移山大法，非常高明的移山大法：山不過來，我過去。

「移山大法」啟示我們：如果事情無法改變，我們就改變自己。只有改變自己，才可以最終改變屬於自己的世界。改變不了現實，但可以改變態度；改變不了過去，但可以改變現在；不能控制他人，但可以掌握自己；不能預知明天，但可以把握今天；不可能樣樣順利，但可以事事盡心；不能延伸生命的長度，但可以決定生命的寬度；不能左右天氣，但可以改變心情；不能選擇性別，但我們可以活出女性的精彩！

這是一種寬廣的胸懷，一個良好的心態。你這樣做了，你會發現，女人的生活一部分是因為改變了環境而舒適，還有一部分是因為改變了自我而精彩。愚公移山是堅守自我，和尚移山是改變自我。堅守是一種精神，改變是一種智慧。我們在學會堅守自我的同時，也要學會改變自我。

有時候你誰也指揮不了，唯一能做的是指揮你自己。你管不了別人，那就盡力管好自己。正如笑傲江湖的「令狐沖」所說，「有些事情本身我們無法控制，只好控制自己。」換一種積極心態看人生，你的人生會始終如同黎明一樣充滿希望。

最後的遺言

有個地主一直都很勤奮而且節儉，積蓄了三十萬元。

終於有一天，他決定要享受一年豪華快樂的生活，然後再決定下半生怎麼過。可是，就在他開始停止奔波賺錢的時候，閻王爺來到他面前，要取回他的生命。

地主使盡了一切唇舌的本領，要求閻王爺改變主意。最後他說：「那就多賜給我三天吧！我會把我所有財富的三分之一送給你。」

閻王爺無動於衷，仍然繼續堅持收回他的生命。地主又說：「如果你讓我在這世上多活兩天，我立即給你二十萬元。」

閻王爺還是沒有理會，甚至後來他願意用自己積蓄的三十萬元交換一天的生命，也沒有得到閻王爺的同意。

地主沒有辦法，只好說：「那麼請你開恩，給我一點點時間，寫下一句話留給後人吧！」

這次閻王爺應允了他的請求。地主用自己的鮮血寫著：「人啊！記住，生命是最寶貴的，所有的財富買不到一小時的生命。」

人們一輩子最為關注的莫過於財富和生命這兩回事。財富是有價有形的，生命則是無價無形的。在有生之年，不要拿無價的生命去和微不足道的財富做交換，要知道再多的財富，也換不回生命走過的腳步。

不自量力的較量

癩蛤蟆看見牛走近來吃草，牠下決心要盡最大的力量來賽過牛的龐大。

這隻生性愛嫉妒的癩蛤蟆開始用足狠勁鼓著氣，脹起肚子。

「喂，親愛的青蛙，告訴我，我跟牛一樣大嗎？」牠問牠的同類道。

同類老老實實地回答：「不，親愛的，差得遠呢！」

「你再瞧瞧，瞧得仔細點，說得清楚點。呶，怎麼樣？我現在鼓得夠大的了吧！」

同伴說：「我看還是差了不少。」

癩蛤蟆又問。

「那麼——現在呢？」

「跟先前一模一樣啊！」

不自量力的較量

癩蛤蟆始終趕不上牛的龐大，但牠的狂妄企圖卻超過了上天賦予牠所能承受的極限，結果用力太猛，「啪」地脹破了肚皮而一命嗚呼。

不自量力的攀比，這個癩蛤蟆不是第一個，也絕不是最後一個。

就像你我常見到的那樣，在我們的生活中總是有人不自覺地扮演著那隻不自量力的癩蛤蟆的角色。

自信和自大只有一步之遙，自信的人骨子裡都自大。但如何掌握才能既不失自信又能繞過自大的陷阱，很難。

自誇的人不一定自信卻一定自大，低調的人不一定不自信卻一定不張揚。自信的人，眼睛看到的地方就是他能到達的地方，敢想，務實，才能觸摸成功，但這不是終點。自大的人，心比眼睛達到的地方更遠，幻想，好高騖遠，成功總是不會眷顧他，於是他的心再去掃下一個地方。

想想世界上有那麼多人，那麼多人中肯定又會有很多人比自己強。如果一個一個都要攀比一下的話，試問一下：你累嗎？只要比過一個，就會繼續找對手，和第二個人攀比，這樣下去……不敢想像！所以，要比就和自己比，只要自己是進步的，就是快樂的。人，真的要認清楚自己的能力和分量。

奪命的讚美

有一隻紅鯉魚在暴雨來臨前耐不住憋悶，縱身躍出池塘的水面，長長地透了一口氣，並在陰沉沉地池塘上方畫下了一道紅色的絕妙的剪影。

在入水之前，牠聽到從岸上傳來了一句天籟般的讚美：「呀！一條多麼漂亮的紅鯉魚！」

紅鯉魚第一次聽到這麼心儀的讚美，激動得連拍了好幾個水花：「真是一件值得高興的事，終於有人懂得欣賞我的美了！」牠的同伴從來都沒有稱讚過牠。

同伴們的缺乏美感讓紅鯉魚對剛才的讚美更覺可貴，一種乍逢知己的驚喜充斥著牠的內心：「也許我該結識一下那個人。」

想到這些，紅鯉魚就在水中猛游了一圈，憋足了氣，閃電一般躍出水面，再一次高高地出現在池塘上方。

水外的世界真是很刺激，紅鯉魚有一種鯉魚過龍門的成就感，牠一邊享受著風拂過身體的涼爽與愜意，一邊睜圓了眼睛去搜尋那個一生難得一遇的知音。

但牠只看到了一張網，一張鋪天蓋地的網，當那張航髒的漁網裹住牠美麗的軀體時，牠聽到了那個一模一樣的聲音：「哈，抓到了！」紅鯉魚就這樣永遠告別了生牠養牠的池塘。

每個人都希望獲得別人的讚美。尤其是年輕漂亮的女性。自信的人需要這種讚美，自卑的人更是需要。自信的人聽到別人對他的讚美，等於為自己的自信找到了強有力的證據；自卑的人由於通常條件比較差，可能更需要別人的讚美，以建立自己的信心。

但是，不論自信還是自卑都不可變成自大。一旦變成自大，就會忘乎所以，就會把那種與事實脫離的讚美都信以為真。這種讚美的迷魂湯就是「毒藥」，它會讓人們在感受到虛幻快樂的同時，影響你辨別真偽的判斷力，很可能會讓你不知不覺中失去了自我。

牧羊人的煩惱

一直以來，澳大利亞草原上的一位牧羊人，就羨慕別人的羊群比自已的數量多，別人的羊毛品質比自已的好。因此，他每天都「煩、煩、煩」地喊著，並對家人發脾氣，還不時向上帝祈禱，希望與別人交換命運。

上帝見此，決定幫他實現交換命運的心願。於是，上帝對他說：「你把所有的煩勞都裝進口袋裡吧！然後來到籬笆牆邊，那裡有無數袋煩惱，你喜歡哪一袋，就換哪一袋。」

牧羊人向上帝表示過感謝後，便趕快把自已的煩惱裝進口袋，背在肩上就出發了。一路上，牧羊人覺得肩上的口袋越來越沉重，他甚至覺得自已被壓彎了腰，覺得自已已再沒有力氣前進了。但是，他太希望與別人交換命運了，因些他強撐著背著口袋踉踉蹌蹌地一步一步往前挪。

牧羊人邊走邊想著自已的一個遠房親戚，他不僅在城裡有別墅，還有可愛的兒女，年青漂亮的妻子，這個親威一定沒有煩惱。

牧羊人又想到牛奶廠的廠長，他看起來多麼的自在逍遙啊！他不用工作，家裡僱用了擠奶工、廚師，他的日子過得比任何人都愜意。

牧羊人又想到種花的老人，他過得與世無爭、超絕塵世的生活，他的那一份寧靜和從容，該是讓自已多麼羨慕啊！種花老人的煩惱一定少之又少。

當牧羊人來到籬笆牆邊時，上帝讓天使將他肩上的口袋卸下，放進一大堆裝著麻煩、苦惱、不滿、屈辱、挫折等的口袋中，而這些口袋的主人都是牧羊人所羨慕的那個階層的人。他們的主人有農場主，牛奶廠的廠長，遠房親戚，種花的老人，甚至有政府

牧羊人的煩惱

公務員、律師、企業家、歌星……

牧羊人看傻了眼，他喃喃道：「上帝啊！感謝您的仁慈，讓我有機會從這麼多人中挑選交換命運的對象，我太高興了！」

天使說「你慢慢挑吧！只要你選出一個最喜歡的，就把它帶回家，這樣你的命運就改變了，你的煩惱就會煙消雲散。」

牧羊人聽後高興地開始了他的挑選工作。他花了一整天的時間，選了又選，挑了又挑，在天黑之前才選出了一個重量最輕的口袋。這個口袋的分量實在太輕了，彷彿裡面什麼都沒有裝似的。

牧羊人開心極了。他在回家的路上想：「口袋裡的煩惱這麼少，說不定是州長的呢，要麼就是最有名氣的那個律師的。」

到家後，牧羊人放下口袋，迫不及待地打開一看時，幾乎哭了出來。原來，他在堆積如山的口袋裡，竟然挑出了他自已的那一袋。在一整天的挑選中，他稱了又稱，量了又量之後，原來，他的煩惱、苦悶才是最輕和最不給自已造成心理負擔的。

從這以後，牧羊人開始能以正確的態度來對待自已的生活中的痛苦、憂擔心了。這些原本是他極想和別人交換的，但現在，他已經能坦然地面對了。

在漫長的人生歲月中，總會有一些不愉快，總會有一些煩心事，讓人無端地煩惱。就像人吃五穀雜糧，總會有人生病一樣，沒有人能避開煩惱。煩惱無處不在，無時不有。如果你是市井小民，那每天的出門七件事總是或多或少的煩惱；如果你是國家元首，那你單心的就是內政外交。職位越高，煩惱越大。而正成正比。如果你是一國之主，每天卻為了吃飯而煩惱，說出去豈不是笑談？

既然正視了自己的煩惱，就應該坦然面對，想辦法來解決。不是嗎？

曾有一個笑話是這麼說的：有一個高個子和一個矮個子散步，有人問，天塌下來怎麼辦？矮個子答，怕什麼，反正有高個子頂著；問高個子，高個子答，怕什麼，天塌下來不過是碗口大的疤。這是何等的豁達！

雖然這是個笑話，但仔細想一想也有它的道理。很多事情我們不要太介意，許多天大的事情當時覺得很難，過後想想不都是又不那麼難了。更何況，生活中多數是些雞毛蒜皮的事讓人煩惱。不想聽的事，就不要讓它進入耳朵；不可避免的進入了，就要想辦法不要讓它進入大腦；無法阻擋的進入了，就要想方設法不要讓它停留在記憶中。要學會忘記，學會清理，學會整治，這樣才能拋棄煩惱，大腦才能有更多的空間容納更多的開心事。

天外來財

有一位富翁，雖不是富可敵國，卻也稱得上富甲一方。但他仍整天忙忙碌碌，不停的賺錢，好像賺錢是他唯一的嗜好。他有一位鄰居，雖然很窮但是每天悠然自在，不時從他的破舊的房子中傳出歡樂的琴聲。窮小子活得快樂，富翁奇怪的問僕人這是什麼原因。這僕人相當聰明，說到：你的鄰居之所以快樂是因為他安於清貧，你若想要他不快樂也能辦到。

這富翁問：怎麼做？

僕人說：只要你拿十萬錢給他，他從此就不在拉出這麼歡樂的琴聲了。富翁有點不相信想：世上哪有人有了錢不反而不快樂的，不過十萬塊對我來說也不過是九牛一毛而已，就試試吧！

當天晚上，富翁與僕人一起把十萬塊錢送給了窮鄰居，還特別強調這錢隨便怎麼花，並給他留了字據。

這窮人意外得到這一大筆錢，欣喜若狂。

他簡直不敢相信這是真的。他當然知道這鄰居很有錢，但他們平時並沒什麼往來，為什麼鄰居要送給自己這麼多錢呢？

但從富翁的態度和僕人的表情來看，不像是在開玩笑，何況他們還留了字據。莫非那些是假的？他仔細驗了驗鈔票，全是真的，他百思不得其解。

這窮鄰居一夜未睡，這錢該放什麼地方？存銀行呢？目前利息太低，存銀行不划算。拿去投資？沒經驗，虧了很可惜。要不就先買新房子，買家具？這也不太好，全買了，手上又沒錢。他整晚想來想去想不出一個好辦法。

第二天窮鄰居哪也沒去，怕錢被人偷了。第三天，他想應該去買些好酒，好肉，好東西好好的享受一番，於是他去了一家大商店，挑選了不少值錢的東西，但其間一個電員一直注視著他，好像防賊似的。因為平時，他只能是在商場裡逛逛，挑些便宜的東西，更多的時候是什麼也不買。

當他發覺店員懷疑的目光注視這他，原本愉快的購物變得讓他覺得不舒服，他匆匆付款走了。回到家中，仍有餘氣。你想他現在還有心思拉琴嗎？更別說拉出歡樂的琴聲了。

很多時候，快樂都不一定是要建立在金錢的基礎上的。很多時候，一個眼神、一聲問候、

有的時候，你認為對自己一定有利的事情事實上並非如此。窮人渴望變得富有，卻常常忘了，富有是否是真的自己所必需的。快樂，不一定是建立在金錢的基礎之上。當然，並非每個窮人都會像這個窮人一樣不會享受意外之財，也許有的人在同樣情況下更快樂，關鍵是個心態問題。

貪心的乞丐

一個乞丐在大街上垂頭喪氣地往前走著。他的衣服舊得可以看見他身上的肉了，他的臉黃黃瘦瘦的，看起來很久沒有吃過一頓飽飯了。他一邊走，一邊嘀咕著：要是能讓我飽吃一頓該多好啊！為什麼我就這麼窮呢？他痛恨貧窮，怪命運女神太不照顧自己。正在此時，命運女神出現在乞丐的面前。乞丐揉了揉混濁的雙眼，認出是命運女神，連忙跪倒在地，低聲哀求道：「慈愛的命運女神啊！幫幫我這可憐的人吧！可憐可憐我吧！我現在什麼都沒有了。」命運女神和氣地問乞丐：「那你告訴我吧！你最想要什麼？」

乞丐早就把自己剛才的願望拋到九霄雲外，張口就說：「我要金子。」命運女神說：「脫下你的外衣來接吧！不過不要接得太多，那樣會把衣服撐破的。這些金子只有被接住並且牢牢地包在衣服裡才是金子，要是掉在地上，就會通通變成垃圾。」乞丐大喜過望，三下五除二就脫了衣服。命運女神輕輕地一揮手，只見金子像流星雨一樣，閃著金光，一顆顆地落在乞丐的衣服上。漸漸堆成了一座小金山。命運女神說：「小心啊！你的衣服就要被壓破了，再多裝一點金子就要掉下去了。」

乞丐看著飛來的金塊，兩眼放光，哪裡聽得進女神的勸告，只是一股腦興奮地嚷嚷：「再給點，再給點！」正喊著，只聽「嘩啦」一聲，他那破舊的衣服裂開了一條大口子。金子滾落在地上，就在落地的那一瞬間變成了磚頭、玻璃和小石塊。命運女神消失了。乞丐又變得一無所有，他只好披上那件更破更爛的衣服，繼續以乞討謀生了。

人不能沒有慾望，沒有慾望就沒有前進的動力，但人卻不能有貪慾，因為，貪慾是無底洞，你永遠也填不滿它。有道是：貪心不足蛇吞象。生活中有許多這樣的人：他們什麼都不願放棄，而且得隴望蜀，不知滿足，結果落了個竹籃打水一場空的結局。現今的社會是一個科技發達、物質豐富的社會，我們心中的慾望，被挑逗得像是看見紅色斗篷的鬥牛；他人暴富的經歷，更讓我們血脈賁張，躍躍欲試；時尚名牌漫天飛，哪能心如止水；BMW香車招搖過市，你的心早已蠢蠢欲動；更不能忍受的心癢是別墅洋房的誘惑……因此，太多的時候，我們會被世上的名利、金錢、物質所迷惑，心中只想得到，只想將其通通歸於己有，而不想捨棄，更捨不得放下。於是心中就充滿了矛盾，心靈承受很大的壓力，以至於活得好累，好累。

生命這條船載不動太多的物慾和虛榮，要想揚帆而不在中途擱淺和沉沒，就必須輕載，該放下的，就要學會捨棄。

樂觀者

有人問樂觀者：「假如你一個朋友也沒有，你還會高興嗎？」

「當然，我會高興地想，幸虧我沒有的是朋友，而不是自己。」

「假如你正行走間，突然掉進一個泥坑，出來後你成了一個髒兮兮的泥人，你還會快樂嗎？」

「當然，我會高興地想，幸虧掉進的是一個泥坑，而不是無底洞。」

「假如你被人莫名其妙地打了一頓，你還會高興嗎？」

「當然，我會高興地想，幸虧我只是被打了一頓，而沒有被他們殺害。」

「假如你在拔牙時，醫生錯拔了你的好牙而留下下患牙，你還會高興嗎？」

「當然，我會高興地想，幸虧他錯拔的只是一顆牙，而不是我的內臟。」

「假如你正在打瞌睡時，忽然來了一個人，在你面前用極難聽的嗓門唱歌，你還會高興嗎？」

「當然，我會高興地想，幸虧在這裡嚎叫著的，是一個人，而不是一匹狼。」

「假如你馬上就要失去生命，你還會高興嗎？」

「當然，我會高興地想，我終於高高興興的走完了人生之路，讓我隨著死神，高高興興地去參加另一個宴會吧！」

痛苦往往是不請自來，而快樂和幸福往往需要人們去發現、尋找。你對自己的態度，可以決定你的快樂與悲哀。只要你希望自己快樂，你就能得到快樂。

把窗戶擦乾淨

有個太太多年來不斷指責鄰居懶惰，「那女人的衣服永遠洗不乾淨，她晾在院子裡的衣服總有斑點……」。

直到有一天，有個明察秋毫的朋友到她家，才發現不是鄰居的衣服洗不淨，細心的朋友拿了一塊抹布，把這個太太窗上的灰抹掉，說：「看，這不就乾淨了嗎？」

原來是——自家的窗戶髒了。

因為自家的窗戶髒了，反而責怪對面鄰居的懶惰。我們的雙眼被有色的玻璃所矇蔽，於是無知的我們伸出了指頭「這個不對，那個不對」。

不是說情感有罪，只是它有時候把事實弄得分不清是與非。每次遇到不如意，我們拿別人出氣。我們都有一雙善於發現別人缺點的眼睛，獨獨看不到的是自己。

當你背向太陽的時候，看到的只是自己的陰影，連別人也只會看你臉上陰影一片。只拿憤世嫉俗來替代反省自己的機會，對自己的成長是最大的耽誤。

還在埋怨的姐妹們，還不快點拭去矇蔽在心頭與雙眼上的那抹灰？

寧靜的真諦

從前，有一個國王拿出一大筆賞金，看誰畫得出最能代表平靜祥和的畫。很多畫家將自己的作品送到皇宮，有的畫了黃昏森林，有的畫了寧靜的河流，小孩在沙地上玩耍，彩虹高掛天上，沾了幾滴露水的玫瑰花瓣。

國王親自看過每件作品，最後只選出兩件。

第一件作品畫了一池清幽的湖水，周遭的高山和藍天白雲倒映在湖面上，天空點綴了幾抹白雲，仔細看的話，還可以看到湖的左邊角落有座小屋，打開一扇窗戶，煙囪有

炊煙裊裊升起，表示有人在準備晚餐，菜色簡單卻美味可口。

第二幅畫也畫了幾座山，山形陰暗嶙峋，山峰尖銳孤傲。山上的天空漆黑一片，閃電從烏雲中落下，還降下了冰雹和暴雨。這幅畫和其他作品格格不入，不過如果仔細一看，可以看到險峻的岩石堆中有個小縫，裡面有個鳥窩。儘管身旁風狂雨暴，小燕子還是蹲在窩裡，神態自在。

國王將朝臣召喚過來，將首獎頒發給第二幅畫，他的解釋是：「寧靜祥和，並不是要到全無噪音、全無問題、全無辛勤工作的地方才找得到。寧靜祥和的感覺，能讓人即使身處逆境也能維持心中一片清澄。寧靜的真諦就只有這麼一個。」

原來，這才是寧靜的真諦！是啊！世界本是紛繁嘈雜的，如果不能做到這一點，你如何去維持心中的寧靜。

為生命保鮮

有個國王很挑剔，老是找不到滿意的妻子。有一天他在森林邊邂逅了一個和仙女一樣纖塵不染的女孩，對她一見鍾情。他要娶她為王后，女孩答應了，但她有一個條件，每天下午四點鐘要回森林一趟，只要一個小時，五點鐘一定出來。不要問她為什麼，也不要跟著她。國王說好啊！就把女孩帶回了王宮。年輕的王后一下子贏得了所有人的喜愛。她給國王生兒育女，協調宮裡宮外的事情。她不憂傷、不煩燥，把一切都安排得井井有條。國王覺得她是一個完美的女人。但雷打不動的是她每天必須在那個時間回森林。

一晃二十多年過去了，兒女已長大成人，而人到中年的王后模樣還是和當初一樣：年輕、柔美、鮮亮，也不發脾氣。國王越來越恐懼，覺得自己娶的不是一個凡人。他懷疑她每天回森林是為了被施以魔法。那種強烈的好奇心折磨著他，讓他違背了承諾。終於有一天，他悄悄地跟著王后進了森林。他看著王后走走跳跳，來到一條小河邊，綠綠的草地上有石頭、鮮花。王后摘下鑲滿鑽石的皇冠，脫下華麗的袍子，再一件一件脫下所有的衣服直至全身赤裸，就坐在了草地上。她看著天上的流雲，玩一玩溪水，聞聞花香，聽聽鳥叫。那個時候光線還很好，那籠罩著她的光芒，特別柔和、飽滿。沒有什麼仙人，也沒有魔法。一個小時後她一件一件穿好衣裳，戴上皇冠，提著裙襬一蹦一跳地走出森林。

其實這二十年間她只是每天做同樣一件事情，這就是讓凡人成為仙女的祕密：讓自己宛如處子、嬰兒，回到自然裡。那一刻她不是王后，不是母親，什麼社會身分都沒有。她只是一個處子，像牛羊親近青草那樣親近自己的生命。

人應該怎樣才能找到一種為生命保鮮的方式？其實無論是向牛羊學習還是像仙女一樣靜默地給自己一小時，都是在轉換生命坐標的過程中給自己一種生命保鮮的理由。

有時候想想，女人真的很怕自己變老。我們該用什麼方式拒絕生命的流逝？這是一個物質時代，人人怕老，外有化妝品，內有營養液，無非是錦上添花；其實真正雪中送炭的是一種保持生命更新的能力——是一種好奇心，一種動手的快樂，是一種真正的意義讓你的生命永遠保持新鮮的狀態。

看完這則寓言，你是否有種恍然若悟的感覺，其實為生命保鮮很簡單，每天一個小時，回歸自然，狀若處子。

開錯了窗戶

一個小女孩趴在窗臺上，看窗外的人正在埋葬她心愛的小狗，不禁淚流滿面，悲慟不已。

她的祖父見狀，連忙引她到另一個窗口，讓她欣賞花園美景。花園裡鳥語花香，一些小朋友在樹下做「老鷹抓小雞」的遊戲，氣氛非常歡快。

開錯了窗戶

小女孩看著看著，臉上愁雲為之一掃而光，取而代之的是發自內心的微笑。老人托起外孫女的下巴說：「孩子，妳開錯了窗戶。」

人生之旅，我們不也是常常開錯「窗戶」嗎？

不同的窗，為我們打開不同的心情，導致不同的心態。當某一天你很不高興時，再仔細想一想，自己是不是也開錯了窗戶。

看下面這則寓言中，農夫的妻子是多麼的聰明。

有個農夫，他有兩個女兒，大女兒嫁給了一個園丁，小女兒嫁給了一個陶器工人。

有一天，農夫閒著沒事，便對妻子說。

「我想看望兩個女兒了，我要去看看她們究竟和丈夫過得怎麼樣。」

農夫先去看望大女兒。

「妳過得怎麼樣，我的女兒？」他問道。

「很好，我的父親，我只盼天氣變化，能下場大雨，把我們的園子澆個透，那樣我們的收成將會更好。」女兒回答說。

當天下午，他又去看望嫁給陶器工人的女兒。

「親愛的，妳好嗎？」他問道。

「很好，我的父親，」女兒回答說。「我只希望天氣老是這樣，陽光燦爛，別下雨，不然，我們晾晒的陶坯就會被雨淋壞了。」

農夫回到家後，下雨天為小女兒一家的陶器坯苦惱，天晴時為大女兒一家的園子憂愁。他的妻子見他整天唉聲嘆氣，就對他說：「下雨天你為什麼不為大女兒高興，天晴時你為什麼不為小女兒歡呼呢？」

農夫聽了妻子的話，心中豁然開朗，從此臉上天天都是笑容。

快樂是簡單的

有一群年輕人到處尋找快樂，但遇到的卻是許多煩惱、憂愁和痛苦。

於是他們就向老師蘇格拉底詢問：「快樂到底在哪裡？」

蘇格拉底說：「你們還是先幫我造一條船吧！」

年輕人就暫時把尋找快樂的事放到一邊，找來造船的工具。用了七七四十九天，鋸倒了一棵又高又大的樹，挖空樹心，忙忙碌碌地造成了一條獨木船。

終於，獨木船可以下水了。年輕人把老師請上船，一邊合力划船，一邊齊聲唱起歌來。這時，蘇格拉底便問：「孩子們，你們快樂嗎？」

快樂是簡單的

年輕人齊聲回答：「快樂極了！」

蘇格拉底接著說：「快樂就是這樣，它往往在你為著一個明確的目的忙得無暇顧及其他的時候，就不知不覺地來到了。」

這群年輕人只不過是因為生活的簡單、專注，所以能感覺到充實而快樂！人們每天都在追求快樂，身上卻常常背負著各種各樣的「枷鎖」。成天名韁利繩纏身，快樂何在？成天你爭我奪，快樂何在？成天心事重重，陰霾不開，快樂何在？成天雞腸小肚，目光如豆，快樂又會何在？

其實，快樂很簡單。她是一種頓悟之後的豁然；一種重負之後的輕鬆；一種霧散之後的陽光燦爛；更是一種人生的哲理與智慧。

簡單就是剔除生活中繁複的雜念、拒絕雜事的紛擾；簡單也是一種專注，叫做「好雪片片，不落別處。」生活中經常聽一些人感嘆煩惱多多，到處充滿著不如意；也經常聽到一些人總是抱怨無聊，時光難以打發。其實，生活是簡單而且豐富多彩的。痛苦、無聊不過是人們自己的內心而已，跟生活本身無關。所以是否快樂、是否充實就看你怎樣看待生活、發掘生活。如果覺得痛苦、無聊、人生沒有意思，那就是因為不懂得生活中快樂的原因！

快樂是簡單的，它是一種自釀的美酒，是自己釀給自己品嚐的；它是一種心靈的狀態，是要用心去體會的。簡單地活著，快樂地活著，你會發現尋找快樂原來竟是那樣的簡單，這真是「眾裡尋他千百度，驀然回首，那人卻在燈火闌珊處。」

天堂和地獄的區別

有一天，上帝對自己的信徒說：「來，我帶你去看地獄。」他們進入一個房間，許多人圍著一個正在煮食的大鍋坐著，他們又餓又失望，儘管他們每一個人都有一把湯匙，但是湯匙的柄太長，所以食物沒法送到自己的口裡。

「來，現在我帶你去看看天堂。」上帝又帶著信徒進入另一個房間，這個房間和前一個房間的情景一模一樣，也有一大群人圍著一隻正在煮食的鍋子坐著。所不同的是這裡的人看起來快樂又滿足，而他們的湯匙和剛才那一群人的一樣長。

教士奇怪地問上帝：「為什麼同樣的情景，這個房間的人快樂，那個房間的人卻愁眉不展呢？」

上帝微笑著說：「難道你沒有看到，這個房間的人都因為學會了餵對方而使自己也得到滿足嗎？」

天堂和地獄的區別

能夠相互幫助、相互關心的人生活在天堂裡，反之則生活在地獄中，這就是人間天堂和地獄的區別。人只有與他人合作，才能使自己享受到天堂般的快樂，獲得他人幫助的前提是自己必須去幫助他人。

從前，有兩個飢餓的人分別得到了一位長者的恩賜：一根魚竿和一簍鮮活碩大的魚，其中一個人要了一簍魚，另一個人要了一根魚竿，於是他們分道揚鑣了。得到魚的人在原地就用乾柴搭起篝火煮起了魚，他狼吞虎嚥，轉瞬間，還沒有品出鮮魚的肉香，連魚帶湯就被他吃了個精光，不久，他便餓死在空空的魚簍旁。另一個人則提著魚竿繼續忍飢挨餓，一步步艱難地向海邊走去，可當他已經看到不遠處那片蔚藍的海洋時，他渾身的最後一點力氣也使完了，他也只能眼巴巴地帶著無盡的遺憾撒手人間。

又有兩個飢餓的人，他們同樣得到了長者恩賜的一根魚竿和一簍魚。只是他們並沒有各奔東西，而是商定一起去尋找大海。他們每次只煮一條魚。經過長途的跋涉，他們來到了海邊，從此，兩人開始了捕魚為生的日子。幾年後，他們蓋起了房子，有了各自的家庭、子女，有了自己建造的漁船，過上了幸福安康的生活。

上天賦予每個人的才能和智慧可能是有一些區別的，但只有與人合作才能取長補短，只有讓別人也獲得幸福才能使自己的生活也得到幸福。

去問問大象吧

素有森林之王之稱的獅子來到了天神面前，說：「我很感謝你賜給我如此雄壯威武的體格和如此強大無比的力氣，讓我有足夠的能力統治這整座森林。」

天神聽了，微笑地問：「但這不是你今天來找我的目的吧？看起來你似乎遇到了某事的困擾？」

獅子輕輕吼了一聲，說：「天神，您真是了解我啊！我今天來的確是有事相求。因為儘管我有很大能耐，但是每天雞鳴的時候，我總是會被雞鳴聲給嚇醒。神啊！祈求您，再賜給我一種力量，讓我不再被雞鳴聲給嚇醒吧！」

天神笑道：「你去找大象吧！牠會給你一個滿意的答覆。」

獅子興沖沖地跑到湖邊找大象，還沒見到大象，就聽到大象跺腳所發出的「砰砰」響聲。獅子加速地跑向大象，卻看到大象正氣呼呼地直跺腳。

獅子問大象：「你幹嘛發這麼大的脾氣？」

大象拚命搖晃著大耳朵，吼著：「有隻討厭的小蚊子，總想鑽進我的耳朵裡，害得我都快癢死了。」

獅子離開了大象，心裡暗自想著：「原來體型這麼巨大的大象，還會怕那麼瘦小的蚊子，那我還有什麼好抱怨呢？畢竟雞鳴也不過一天一次，而蚊子卻是無時無刻都在騷擾著大象。這樣想來，我可比他幸運多了。」

獅子一邊走，一邊回頭看著仍在跺腳的大象，心想：「天神要我來看看大象的情況，應該就是想告訴我，誰都會遇到麻煩事，而牠並無法幫助所有人。既然如此，那我只好靠自己了！反正以後只要雞鳴時，我就當作雞是在提醒我該起床了，雞鳴聲或許對我還真是有益處呢！」

家家有本難念的經。特別是對於當家的女人來說，家庭難念的經書更多的是由自己來念。煩惱的時候，你不妨把那把難念的經用音樂的節奏念出來，或許，你會發現另一種美。

其實你很富有

有一個年輕人，他總是四處哭窮。

「要是我能有一大筆財富，那該有多好啊！到那個時候，我的生活多快樂呀！」他總是哼著這樣的老調。

有一天，一個老石匠從他家門口路過，聽到這個年輕人的話，就問他：「你抱怨什麼呀？其實，你擁有最大的財富。」

「我還有財富？」年輕人驚訝起來，「我有什麼財富呀？」

「你有一雙眼睛！你只要拿出一隻眼睛，就可以得到你想要的任何東西。」石匠說。

「你說什麼啊？」年輕人說，「不論你給我什麼寶貝，我都不會拿眼睛去換的！」

「那好吧！」石匠說，「那就讓我砍掉你的一雙手吧！你也可以拿這雙手去換許多黃金！」

「不行！我不會拿自己的手去換黃金的！」年輕人說。

「現在你知道了吧！你是很富有的。」老石匠說，「那麼，你還抱怨些什麼呢？相信我的話吧！年輕人！一個人最大的財富就是他的健康和精力，這是無論用多少錢都買不來的。」

別再哭喪著臉說自己一無所有。坦白地說，你的身價至少值幾百萬元——當然如果你決定出售自己的話。當你有了這項「庫存」就會完全了解，如果沒有你的允許，在這個世界上就沒有人能使你覺得低下。

一個住在印第安納州的美國婦女收到了一百萬美元，因為有一種藥傷害了她的視力。她曾經服用這種藥物消除臉上的疙瘩，但藥卻進入了眼睛，使她喪失了百分之九十八的視力。你想跟她交換視力嗎？

在美國還有一個婦女獲得一百萬美元的賠償，那是因為在一次飛機失事中，她的背部受到傷害。醫生說她永遠不能再走路。如果你的視力正常而你的背部也堅直的話。你會考慮跟這兩位女士交換嗎？一旦你向她們提出的話，她們一定很樂意跟你交換，並且衷心地感謝你。

難道不是嗎？

貝蒂·格萊伯曾經是選美皇后，據說她的腿在保險公司保了百萬美元的險。如果你的雙腿能使你走動的話，你是不是會把它照貝蒂·格萊柏百萬美元的價格出售呢？肯定不會的。

既然你不願以百萬美元換走你的眼睛，換走你的背，換走你的腿，那麼你實際上已經擁有超過三百萬美元了，何況我們才剛剛開始個人價值的計算而已。你現在已經比較喜歡自己了吧！難道不是嗎？

更幸運的是，你獲得財富並不一定需要付出健康，你只要付出自己辛勤的汗水。

沒有理由感到遺憾

大衛王勾搭上部將烏利亞美麗的妻子，兩人如膠似漆。為了除去烏利亞這個障礙，大衛王故意讓烏利亞帶少量的士兵去迎戰強敵，終於借敵人的刀殺死了烏利亞。

除去情敵後，大衛王終於名正言順地烏利亞的妻子招至身邊。他們生了一個孩子，但天神被大衛王的行為所激怒，便將重病在他的孩子身上作為報應。

大衛王為這孩子的病，懇求神的寬恕。他開始禁食，到內室裡，白天黑夜都躺在地上。他家中的老臣來到他的身旁，要把他從地上扶起來，他卻怎麼也不肯起來，也不與他們吃飯。

到了第七天，孩子終於死去了。大衛王的臣僕不敢告訴他孩子的死訊，因為他們想：孩子還活著的時候，我們勸他，他都不肯聽我們的話，如果現在告訴他孩子死了，他怎麼能不更加憂傷呢？

大衛王見臣僕們彼此低聲說話，就知道孩子死了。於是他問臣僕們說：「孩子死了嗎？」

他們說：「死了！」

這時候，大衛王就從地上起來，沐浴後抹上香膏，又換了衣服，走進天神的宮殿敬拜完畢。然後回宮，吩咐人擺上飯菜，他便吃了起來。

臣僕們問：「大衛王啊！你這樣做是什麼意思呢？孩子活著的時候，你不吃不喝，哭泣不已，現在孩子死了，你倒反而起來又吃又喝。」

大衛王說：「孩子還活著的時候，我不吃不喝，哭泣不已，是因為我想到也許天神會憐恤我，不讓我的孩子死去，說不定還有希望。如今孩子都死了，我又怎麼能使死去的孩子返回來呢？我又何必繼續禁食哭泣呢？」

如果一切都不可挽回，我們為什麼不能善待自己呢？

盡人事以待天命。努力過、奮鬥過，即使失敗我們也沒有理由感到遺憾，沒有必要感到悲傷。

蘇東坡與佛印

一日，東坡學佛端坐蓮花臺，對佛印云：「你看我像什麼？」

佛印答：「像佛！」並反問蘇東坡：「我像什麼？」

蘇東坡從不放過戲謔佛印的機會，答：「像牛屎！」

佛印無語，只是微笑。

蘇東坡得意洋洋回到家中，將此役「大捷」繪聲繪色地告訴蘇小妹。蘇小妹聽了，告訴哥哥蘇東坡說：「佛印心中有佛，看什麼都像佛，你心中有牛糞，所以看他像牛糞！」

蘇東坡聽了，啞口無語。

高僧神秀曾作一偈：「身如菩提樹，心如明鏡臺，時時勤拭拂，莫使惹塵埃。」雖不如六祖的「菩提本無樹，明鏡亦非臺，本來無一物，何處惹塵埃」那麼境界高，但活在凡塵中的你我，能有幾人完全超脫於物？因此，能像神秀所說的那樣，時時拭擦心靈汙漬就很了不起了。

用松樹代替荊棘

一株荊棘長在農夫的院子裡，經常刺傷農夫五歲的兒子。農夫發誓要除去荊棘，但無論他採取什麼對策，荊棘總是在來年「春風吹又生」。

農夫為了這件事煩惱不已，決定請教一位年長的老人。

用松樹代替荊棘

老人告訴農夫，除去荊棘後，馬上在荊棘曾生長的位置種上一棵松樹。農夫照做了，第二年只見松樹日益茂盛，荊棘再也沒有探出它固執倔強的頭。

想要把一叢針葉叢生的荊棘拔除，絕不能讓那塊地空蕩蕩的，要在原地種上一棵好看的松樹，用一物替代另一物。

人生也是如此，我們可以用快樂的事物替代不快樂的東西。就好像是打掃出一間空屋子，為了不讓惡人占據，最好的辦法是讓好人住進去。替換律同樣可以用在我們的思考上：驅除骯髒的念頭，不僅僅是絕不去想它，而且必須讓新東西替代它，培養出新興趣、新思想；排除失望，僅僅接受失望是不夠的，一個希望失去了，應該用另一個希望來代替；忘記自己憂傷的最有效也是唯一的辦法，就是用他人的憂傷來代替，分擔別人的痛苦時自己的痛苦也就忘記了。因此，當我們心情不好時，最好的解決辦法是敞開自己心扉，打破沉默，去做任何可以給我們帶來快樂的事情，在做其他事情時使我們從受挫折的事情中解放出來。

有一位美國女孩蘇珊·麥洛伊在突然被宣判得了癌症時，在復原機會渺茫的消沉之中，決定開始寫一本書來激勵自己與癌症對抗。身為動物愛好者，她選擇人與動物作為書的主題。透過各種方式收集有關動物的故事，這些故事在編成書前先使她從中受到感

動，受到激勵，成為她勇抗癌症惡魔的最大力量。後來，她的《動物真情錄》成功出版，成為轟動一時的暢銷書。而她自己在被診斷出癌症十年後，仍然身心健康幸福，甚至比開始治療前還來得好。她感動於動物的真情而著書，著書的過程又使她憑著動物的真情成功地與癌症對抗，戰勝了癌症帶來的死亡威脅以及這一威脅帶來的消沉。

用松樹代替荊棘

電子書購買

國家圖書館出版品預行編目資料

有臉蛋沒腦袋，充實內在讓歹物仔退散：愛情、友情、家庭、事業，給女孩們的 135 則故事，掌握自己的命運不用別人來救急 / 何佩瑜，王簫編著 . -- 第一版 . -- 臺北市：崧燁文化事業有限公司 , 2023.03

面；　公分

POD 版

ISBN 978-626-357-137-2(平裝)

1.CST: 成功法 2.CST: 自我實現 3.CST: 女性

177.2　　112000521

有臉蛋沒腦袋，充實內在讓歹物仔退散：愛情、友情、家庭、事業，給女孩們的 135 則故事，掌握自己的命運不用別人來救急

臉書

編　　著：何佩瑜，王簫

發 行 人：黃振庭

出 版 者：崧燁文化事業有限公司

發 行 者：崧燁文化事業有限公司

E-mail：sonbookservice@gmail.com

粉 絲 頁：https://www.facebook.com/sonbookss/

網　　址：https://sonbook.net/

地　　址：台北市中正區重慶南路一段六十一號八樓 815 室

Rm. 815, 8F., No.61, Sec. 1, Chongqing S. Rd., Zhongzheng Dist., Taipei City 100, Taiwan

電　　話：(02) 2370-3310　　　傳　　真：(02) 2388-1990

印　　刷：京峯彩色印刷有限公司（京峰數位）

律師顧問：廣華律師事務所 張珮琦律師

定　　價：375 元

發行日期：2023 年 03 月第一版

◎本書以 POD 印製